Bärbel Husmann · Bernd Abesser

Religiöse Feiern in der Schule

Theorie und Praxis für religiös heterogene Situationen

Klett | Kallmeyer

Bibliografische Information der Deutschen Nationalbibliothek
Die Deutsche Nationalbibliothek verzeichnet diese Publikation in der Deutschen Nationalbibliografie; detaillierte bibliografische Daten sind im Internet über http://dnb.d-nb.de abrufbar.

Impressum

Bärbel Husmann / Bernd Abesser
Religiöse Feiern in der Schule
Theorie und Praxis für religiös heterogene Situationen

1. Auflage 2021

Redaktion: Daniela Brunner, Korschenbroich
Realisation: Tu Anh Mai
Umschlagfoto: © Biewer_Jürgen/stock.adobe.com
Druck: Beltz Grafische Betriebe GmbH, Bad Langensalza
Printed in Germany

ISBN: 978-3-7727-1544-0

Bärbel Husmann · Bernd Abesser

Religiöse Feiern in der Schule

Theorie und Praxis für religiös heterogene Situationen

Klett | Kallmeyer

Einführung

Schon lange wächst ein Bewusstsein dafür, dass von der Auflösung relativ geschlossener konfessioneller Milieus und von der Zunahme heterogener, diverser, individualisierter Lebensvollzüge, vor allem in den Städten, auch die Schule als Lern- und Lebensraum betroffen ist. Als wir 2007/2008 unsere Stellen als Dozent/Dozentin am Religionspädagogischen Institut Loccum verließen, um fortan kurz vor den Toren Hamburgs als Gemeindepastor bzw. als Stellvertretende Schulleiterin zu arbeiten, bekam diese Beobachtung eine ganz praktische Bedeutung. Der Anteil der Evangelischen an der Bevölkerung sank mit jedem Kilometer, den der Umzugswagen von der Region Hannover Richtung Hamburg fuhr. An unserem neuen Wohnort lag er dann bei etwa 30 Prozent, und in jedem der zehn Jahre, die wir dort waren, sank er weiter. Grob gesagt repräsentierten die zahlenden Mitglieder der evangelischen Kirchengemeinde vor Ort ein Drittel der Bevölkerung.

Gottesdienste zum Schuljahresbeginn für die Grundschule, die zuvor unter engagierter Beteiligung evangelischer Lehrerinnen stattfanden, mussten im Lauf der Jahre aufgegeben werden, weil sie den Großteil der Kinder nicht mehr erreichten. Im Gymnasium waren in den neuen fünften Klassen im Schnitt ein katholisches Kind, neun evangelische Kinder, fünf muslimische Kinder und 15 Kinder ohne Religionszugehörigkeit. Dass trotzdem mehr als 50 Prozent am (evangelischen) Religionsunterricht teilnahmen, lag daran, dass auch muslimische und noch nicht getaufte Kinder teilnahmen, etliche evangelische Kinder aber zum Ersatzunterricht in „Werte und Normen" angemeldet wurden – in der Regel aus gemischt-religiösen Elternhäusern, die in der Grundschule ja noch keine Wahl zwischen Religion und Ersatzfach hatten.

Was aber ist ein „muslimisches Kind"? Es gibt im Islam kein Ritual, das die Zugehörigkeit zum Islam begründet. Man ist sozudagen qua Geburt Muslim oder Muslimin. Schon gar nicht gibt es eine formale Zugehörigkeit wie es sie im Christentum mit einer Kirchenmitgliedschaft gibt. Auch der Begriff der Religiosität ist ein Begriff aus der christlichen Tradition und für muslimische Kontexte nicht geeignet, weil eher der Begriff „Gläubigkeit" eine Rolle spielt.[1] Illustriert sei das am Beispiel eines muslimischen Schülers auf einer Kursfahrt im Jahr 2016: „Meine Mutter ist nicht besonders gläubig. Die betet nur zweimal am Tag."

1 Vgl. Jäggle (2015), S. 75–90.

Die Fowid-Studie aus dem Jahr 2019[2] löst das Problem, indem zwischen formaler Religionszugehörigkeit und tatsächlicher Religiosität unterschieden wird, und zwar durch die Frage, ob „religiöse Veranstaltungen“ besucht werden. Als „praktizierend“ wird gewertet, wer mindestens ein Mal im Monat eine religiöse Veranstaltung besucht. Auch wenn man diese Kriterien für fragwürdig oder falsch hält, so ist der Trend, den die folgende Tabelle[3] zeigt, doch richtig.

Stand: 31.12.2019	Zugehörigkeit (in Bezug zur Bevölkerung)	davon praktizierend	davon nicht-praktizierend
Römisch-katholische Kirche	27 Prozent	9,1 Prozent	90,9 Prozent
Evangelische Kirche (EKD)	25 Prozent	3,4 Prozent	96,6 Prozent
Konfessionsgebundene Muslime	5 Prozent	50 Prozent	50 Prozent
Sonstige Religiöse	1 Prozent	50 Prozent	50 Prozent
Sonstige Christen	1 Prozent		
Orthodoxe Christen	2 Prozent		
Keine Religions-zugehörigkeit	39 Prozent	---	100 Prozent

Die Datenlage am Ende des Jahres 2019 zeigt[4], dass formal nur noch etwa 60 Prozent der Bevölkerung religiös gebunden sind. Die Fowid-Interpretation zeigt, dass darüber hinaus gut 30 Prozent der Bevölkerung zwar eine formale Bindung haben, aber dennoch als nicht-praktizierend zu werten seien. Das ist sicher angreifbar. Denn das Kriterium, mindestens ein Mal monatlich eine religiöse Veranstaltung zu besuchen, greift zu kurz und ist viel zu eindimensional modelliert. Qualitative Untersuchungen zur Religiosität

2 Fowid (Forschungsgruppe Weltanschauungen in Deutschland) (2020): Religionszugehörigkeiten in Deutschland 2019. https://fowid.de/meldung/religionszugehoerigkeiten-2019 [Zugriff 27.01.2020].

3 Eigene Darstellung nach den Daten der Fowid-Studie (Fußnote 2). Die Zahlen für die Glaubenspraxis der Muslime wie der kleineren religiösen Gemeinschaften ist eine geschätzte Zahl, die sich für die Muslime grob an verschiedenen Untersuchungen orientiert.

4 Vgl. auch die Angaben der EKD unter https://www.ekd.de/statistik-kirchenmitglieder-17279.htm [Zugriff: 01.02.2021].

Jugendlicher[5] zeigen, dass es eine große Ausdifferenzierung in der individuellen Spiritualität gibt, dass auch „religiöse Erfahrungen" im Sinne von aufscheinenden und schwer zu beschreibenden Transzendenzerfahrungen eine Rolle spielen. Diese Erfahrungen haben zum Beispiel mit Räumen zu tun, die im Gegensatz zur Alltagstopografie stehen. Und es gibt eine religiöse Praxis, die zum Teil gemeinschaftlich-kirchlich angebunden ist, zum Teil aber auch gänzlich individuell gestaltet wird.

Für den schulischen Kontext ist nicht von Belang, wie viel Prozent „stark" oder „schwach" religiös sein könnten, wer wie oft in die Moschee oder die Kirche geht, oder ob noch mehrheitlich ein Sensus für Transzendentes auszumachen ist. 2020 hat sich die EKD mit einem Grundlagentext der Frage angenommen, wie die konfessionslosen Schülerinnen und Schüler in den Blick genommen werden können. Konfessionslosigkeit wird hier pragmatisch als ein Begriff verstanden, der eine formale Nicht-Zugehörigkeit zur Kirche (nicht getauft oder ausgetreten) bezeichnet. Und damit ist zugleich gesagt: Eine generelle Religionsfeindlichkeit darf nicht von Vornherein unterstellt werden: Religion im Schulleben und religiöse Schulfeiern werden in dem Grundlagentext ausdrücklich benannt, um Evangelische Kirche und Konfessionslose „in Kontakt zu bringen" (EKD 2020, S. 46).

Uns leitet bei unserem Vorhaben die pädagogische Einsicht, dass die Schule nicht nur ein Lern-, sondern auch ein Lebensraum ist, in dem auch das Zusammenleben der Gestaltung bedarf. Zu dieser Gestaltung gehört der bewusste Umgang mit Freud und Leid, mit Katastrophen im nahen und weiten Umfeld, mit Anfängen und Abschieden, mit den Übergängen von Schulzeit und Ferienzeit. Bevorstehende Zeugnisse vor den Sommerferien, die über Sein und Nichtsein an der Schule entscheiden, sind beispielsweise ein Anlass, um Sorgen, Ängste und Nöte in einem gemeinsamen „Feier-Raum" auszusprechen. Gleiches gilt für die Weihnachtsferien, denen manche Schülerinnen und Schüler nicht nur mit Freude, sondern auch mit Bangen entgegensehen, weil nicht klar ist, wie sich die Patchwork-Familie konfliktfrei wird sortieren können.

In der Praxis sind es vor allem die Schulleiterinnen und Schulleiter, die ein sensibles Umgehen mit der religiösen Dimension im Schulleben anstoßen und fördern können oder auch nicht.[6] Schulleiterinnen und Schulleiter haben immer das Ganze ihrer Schule im Blick und müssen dies auch. Je ausdifferenzierter das religiöse und „religionsfreie" Feld ist, desto schwieriger ist es, die Schülerinnen und Schüler für Schulgottesdienste zu gewinnen. Es wird wenig helfen, einfach zu konstatieren:

5 Vgl. die Abschnitte „Strukturen der religiösen Selbstkonstruktion" in den Fallanalysen bei Husmann 2008.

6 Vgl. hierzu vor allem Husmann (2011), S. 295–305 sowie Husmann (2015), S. 45–52.

> „In einer Zeit, in der nicht nur die religiöse und weltanschauliche Pluralität zunimmt, sondern auch das Verständnis für Riten und das Bedürfnis nach Ritualen, sollte niemand von Vornherein den Sinn solcher Feiern generell in Frage stellen."[7]

Skepsis lässt sich nur ausräumen, wenn der einladende Charakter und die Eignung „für alle" tatsächlich eingelöst werden.

Wir haben uns auch deshalb für den Begriff „Religiöse Feier für alle" entschieden, ein Typus, der alle Schülerinnen und Schüler einschließt und zugleich ganz in der Verantwortung schulischer Akteure (und nicht von Vertretern/Vertreterinnen einer oder mehrerer Religionsgemeinschaften) liegt.[8]

Insbesondere in den oben genannten Situationen im schulischen Alltag können mit einer „Religiösen Feier für alle" Freude und Leid geteilt werden. Bei einem Unglücksfall sollte nicht nur das Notfallteam der Johanniter unterstützend tätig werden, sondern eine religiöse Feier sollte als Unterbrechung des Alltags dem Sprechen, Schweigen und Bitten Raum geben, um so das Geschehene auf eine weitere Dimension hin zu öffnen und zu bewältigen helfen. Hier stehen sprachliche Mittel bereit, die das Leben verdichten und auf eine andere Wirklichkeit hin transzendieren können.

Und schließlich wäre noch zu sagen: Wir sind ein evangelisch-lutherischer Autor und eine evangelisch-reformierte Autorin und schreiben aus dieser Perspektive. Ein muslimischer Theologe, eine jüdische Theologin, ein katholischer oder orthodoxer Priester – sie alle würden sicher an der einen oder anderen Stelle anders formulieren, würden andere Schwerpunkte setzen. Unsere Perspektive lässt sich nur offen legen, sie lässt sich nicht gegen eine Perspektive über den Wolken eintauschen oder, um Karlo Meyer zu zitieren:

> „Ich befinde mich im Strom meiner eigenen Tradition und kann mich nicht einfach in die Lüfte erheben, um aus der Vogelperspektive gleichermaßen auf die Ströme aller Traditionen von oben zu schauen." (Meyer 2019, S. 41)

Das betrifft nicht nur unsere evangelische Konfession, sondern unsere gesamte kulturelle Verortung in der reichen, weißen, westlichen Welt, die auch da noch weitgehend christlich geprägt ist, wo die Christen gar nicht mehr die Mehrheit der Bevölkerung stellen. Die Namen der Ferien richten sich nach dem Christentum, der Fastenmonat Ramadan ist häufig in schulischen Kontexten nicht im Bewusstsein, obgleich er erheblichen Einfluss auf das

7 So in der Einleitung (S. 9) der Orientierungshilfe der Liturgischen Konferenz von 2006, die, anders als der Obertitel vermuten lässt, sich ausführlich mit der Begründung und Ausgestaltung von „religiösen Feiern" beschäftigt.

8 Vgl. Liturgische Konferenz (2006), S. 29.

private Leben unserer muslimischen Schülerinnen und Schüler hat. Unsere Perspektive und unsere religiös-kulturelle Prägung hat auch Einfluss auf die Textauswahl; wir kennen uns einfach nicht überall gleich gut aus.

Solche Feiern wie die „Religiöse Feier für alle" sind aus unserer Sicht „riskante Liturgien". Der Begriff bildete 2011 den Titel eines Sammelbandes von Kristian Fechtner und Thomas Klie.[9] Riskante Liturgien meinen bei Fechtner und Klie evangelische, katholische oder ökumenische Gottesdienste in der gesellschaftlichen Öffentlichkeit – zum Beispiel die Trauerfeier für die Toten der Corona-Pandemie am 18. April 2021. Allerdings ist auch die Schule eine gesellschaftliche Öffentlichkeit, und „Religiöse Feiern für alle" sind insofern „riskant", als hier auf keine feste Liturgie zurückgegriffen werden kann und ebenso die Teilnehmenden religiös heterogen sind. Diejenigen, die die Feier gestalten und verantworten, können also nicht in einen Raum grundsätzlichen religiösen Einvernehmens hineinsprechen. Sie können sich auch nicht ohne Weiteres liturgischer Elemente bemächtigen, die nicht ihre eigenen sind.

Wir glauben dennoch, dass es die Mühe lohnt, auch in nicht mehrheitlich christlichen Kontexten „Religiöse Feiern für alle" vorzubereiten und zu feiern. Voraussetzung ist, sich über den eigenen Standpunkt im Klaren zu sein.

Im folgenden Abschnitt wollen wir solche Klärungen im Vorfeld in den Blick nehmen – in Bezug auf Stolpersteine, aber auch in Bezug auf mögliche Akteurinnen und Akteure solcher Feiern. Darauf folgt ein Abschnitt, der sich mit liturgischem Handwerkszeug befasst. Am Ende des Buches finden sich ausgearbeitete Entwürfe von religiösen Feiern für exemplarische Anlässe.

9 Vgl. Fechtner/Klie (2011), besonders die Einleitung, S. 7–19.

1 Klärungen im Vorfeld

Je besser im Vorhinein überlegt ist, welches Ziel mit einer religiösen Feier verfolgt wird, desto eher wird eine solche Feier gelingen. Wenn wir hier davon ausgehen, dass es sich um ein religiös heterogenes Umfeld handelt und die Feier dennoch einen einladenden Charakter haben soll, so ist zunächst einmal sprachlich darauf zu achten, dass die Veranstaltung nicht als Gottesdienst angekündigt (und begriffen) wird, sondern als Feier. Das Ziel einer solchen Feier besteht dann nach Gojny darin, „ausgehend von einem weiten und allgemeinen Religions- und Spiritualitätsverständnis Angebote für Schülerinnen und Schüler zu machen, die es ihnen ermöglichen über existenzielle Fragen nachzudenken und ihren Alltag zu überschreiten“ (Gojny 2021, S. 552).

1.1 Zeiten und Anlässe

Wann im Verlauf des Schuljahres soll eine solche Feier stattfinden? Hier bieten sich biografische Übergangszeiten und Übergangszeiten im Verlauf des Schuljahres an, ebenso besondere Ereignisse. Vier Zeitpunkte sind im Folgenden explizit in den Blick genommen.

Beginn der Weihnachtsferien

Weihnachten ist durch die allgemeingesellschaftliche Aufladung als Familienfest nicht nur ein Fest für Christen, sondern ein Fest für alle geworden. Fast niemand, auch nicht jüdische, muslimische und religiös abständige Familien, können sich dem vorweihnachtlichen Konsum, den Betriebsfeiern, den hohen Erwartungshaltungen an dieses Fest entziehen.[10] Sogar 2020, mitten in der Corona-Pandemie, wurde es politisch für sinnvoller gehalten, eine Steigerung der Infektionszahlen in Kauf zu nehmen als für „Weihnachten anders“ zu werben. Für Kinder und Jugendliche aus Familien, die getrennt leben und keine klaren Regelungen getroffen haben, die langfristig gelten und akzeptiert sind, ist Weihnachten nicht nur mit Vorfreude verbunden. Denn die Vorweihnachtszeit steht dann auch im Zeichen von Auseinandersetzungen, wie in diesem Jahr das schwierige Miteinander gestaltet wird. Jedes Kind, das beide Elternteile liebt, aber nur mit einem von beiden Weihnachten feiern kann, spürt diese Differenz zwischen gesellschaftlicher Erwartung an familiäre Harmonie und Realität besonders. Zu diesem Zeitpunkt werden in der

10 Vgl. Schulte (2013), S. 4–7.

Regel auch viele Klassenarbeiten geschrieben, die Halbjahreskonferenzen stehen vor der Tür, leistungsschwächere Schülerinnen und Schüler werden in besonderer Weise mit der Möglichkeit konfrontiert, eine Versetzungswarnung auf das Halbjahreszeugnis zu bekommen.

Schuljahresende vor den Sommerferien

Auch hier spielen die Zeugnisse eine große Rolle, sie sind sogar zuweilen gekoppelt mit einem (drohenden) Verlust der bisherigen Klassengemeinschaft oder sogar der Schule. Schülerinnen und Schüler verschwinden ins Nirgendwo; selten wird ihnen ein richtiger Abschied zuteil, der Gelegenheit für einen Blick zurück im Zorn und für einen Blick zurück in Dankbarkeit bietet. Der Blick zurück im Zorn ist einfach, der Blick zurück in Dankbarkeit muss gestaltet sein. Und die Wahrheit wird wohl immer beides enthalten: den Zorn und die Dankbarkeit.

Entlassungsfeier

Die Grundschulzeit endet, das Abitur ist bestanden – das sind im Prinzip freudige Ereignisse, die mit einem Wechsel der Lebenssituation verbunden sind. Aber auch hier gibt es Vergessene: Selten werden Entlassungsfeiern an weiterführenden Schulen auch für diejenigen gestaltet, die „nur" die Fachoberschulreife erhalten haben, weil ihnen die nötige Punktzahl für das Abitur fehlte. Oder für die, die ohne Abschluss eine Schule verlassen (müssen), weil ihre Schulpflicht beendet ist. Oft müssen solche Schülerinnen und Schüler ihr Zeugnis still und leise im Sekretariat abholen oder bekommen es zugeschickt. Die Abi-Feier ist denen vorbehalten, die erfolgreich waren.[11] Manchmal wird in den Reden, die Abiturientinnen und Abiturienten halten, derjenigen gedacht, die zum Freundeskreis weiter dazugehören, aber es nicht geschafft haben. Aber was heißt „nicht" geschafft? Aus christlicher Perspektive, die sicher viele Nicht-Christen teilen, gibt es ungerechte, ungleiche Startchancen und Verhältnisse, in denen Kinder und Jugendliche leben. Die Leistungsfähigkeit dieser Schülerinnen und Schüler ist nicht nur eine Frage ihrer eigenen Disziplin, sondern auch eine Frage der Unterstützung, die sie in ihrem familiären Umfeld erhalten (können).

Tod eines Mitglieds der Schulgemeinschaft

Der Tod ist ein besonders einschneidendes Ereignis, vor allem eines, das Kinder und Jugendliche unvorbereitet trifft. Dass Menschen vor der Zeit sterben, ist nicht vorgesehen, weil unsere gesamte Gesellschaft den Tod eher verdrängt als sich darauf vorbereitet. Ein Tod löst ganz unmittelbar immer

11 Vgl. Husmann (2018), S. 7–11.

auch Ängste in Bezug auf das eigene Leben aus. Die Einsicht, dass niemand unsterblich ist, wird unausweichlich. Was bedeutet der Tod eines oder einer Einzelnen für die Gemeinschaft, in der er oder sie gelebt hat? Um all das zu bedenken, um Raum für Trauer, Angst und Abschied zu geben, ist im Schulalltag oft keine Zeit. Er bietet auch kein geschütztes Setting, um solchen Fragen nachzugehen.

Schuljubiläum

Auch ein Schuljubiläum (oder eine Feier beispielsweise zur Auszeichnung mit dem Deutschen Schulpreis) ist ein Einschnitt im Schulleben, der Anlass zur Freude, zum Rückblick auf das Erreichte und zum Ausblick auf das Kommende bietet. Erst durch eine Feier wird es möglich, Dank und Stolz auf das Erreichte in einen größeren Rahmen zu stellen. Wie immer bei Erfolgen: Nicht alles kann man selbst erarbeiten. Vieles gelingt auch durch glückliche Fügungen: engagierte Ehrenamtliche in Mensa oder Schulbibliothek, funktionierende außerschulische Kooperationen, die immer Kooperationen nicht nur zwischen zwei Institutionen, sondern auch zwischen Menschen sind, Kolleginnen und Kollegen, die sich besonders eingebracht haben und so weiter.

1.2 Orte

Wo wollen und können wir feiern? Die räumliche Situation in Schulen selbst ist höchst unterschiedlich, ebenso der bauliche Zustand. Mal gibt es eine schöne Aula, mal ein Forum in offener Betonarchitektur, mal nur eine Sporthalle. Manchmal gibt es nebenan ein modernes Kirchenzentrum, das architektonisch niedrigschwellig daherkommt und das die Schülerinnen und Schüler aus den dort abgehaltenen Gesamtkonferenzen kennen. Manchmal gibt es in der Nähe eine Kirche, die hell und schön ist und nicht durch ihre Innenausstattung sakral besonders „aufgeladen“ ist. Für kleine Gruppen eignet sich auch der Raum der Stille, den es in einigen Schulen gibt.

Neben der Anmutung, die von einem Raum ausgeht, und die das, was darin stattfindet, unterstützen oder behindern kann, ist bei Kirchen, Moscheen und Synagogen darüber hinaus zu bedenken, welches theologische Konzept mit den jeweiligen Sakralräumen verbunden ist: Im Judentum, im Islam und in den evangelischen Konfessionen des Christentums ist der Raum nicht als solcher und per se „heilig“. Die katholische Theologie vertritt hier eine grundsätzlich andere Position, denn ein katholischer Kirchenraum ist nicht nur durch die Präsenz der konsekrierten Hostie qualifiziert, sondern auch durch die in jedem Altar eingelassene Reliquie, die eine geistige (oder eben doch dingliche?)[12] Verbindung zu den Heiligen herstellt. Die katholische Kirche „vertritt deshalb ein ‚sakramentales' Raumverständnis. Der Kirchenraum ist heilig, weil in ihm Christus selbst auf sakramentale Weise gegenwärtig ist" (Rupp 2006, S. 24). Deshalb ist die Nutzung eines katholischen Kirchenraumes nur in einer katholischen Mehrheitensituation angebracht, wenn es sich um eine Feier im Format der liturgischen Gastfreundschaft (siehe unten Seite 17) handelt.

Wir empfehlen allerdings, falls dies möglich ist und nicht große logistische Probleme nach sich zieht, einen „Anders-Ort" zu wählen, wenn die Feier eine über den Schulalltag hinausgehende Tiefe und einen Transzendenzbezug bekommen soll.[13] Für welchen Ort man sich genau entscheidet, hängt auch davon ab, wie die religiöse Orientierung der Schülerinnen und Schüler insgesamt ist, wo es persönliche Kontakte gibt und wo der oder die Verantwortliche für die Feier sich persönlich wohl fühlt. Dieses persönliche Vorverhältnis zu einem Raum hat einen Einfluss darauf, wie gut sich der- oder diejenige in ihre Leitungsrolle einfinden kann, und dies wiederum strahlt in Form eines Gefühls von „sicherer Umgebung" auf die Teilnehmenden aus.

Von Sporthallen, von denen ein sehr starker räumlicher „Text" ausgeht, den man zuweilen nicht nur sehen, sondern auch riechen kann, raten wir ab, weil der Raum an sich eine religiöse Feier nicht unterstützt, sondern diese Feier gegen den Raum inszeniert werden müsste.

Wir raten in der Regel auch von Moscheen ab, weil es dort keine Sitzgelegenheiten gibt. Falls es aber gute persönliche Kontakte zwischen der die Feier leitenden Lehrkraft oder mehreren Mitgliedern des Leitungsteams und der Moschee gibt, wäre das Problem mangelnder Sitzgelegenheiten vielleicht zu lösen.

1.3 Schülerinnen und Schüler

Für wen muss die religiöse Feier passen? Im Folgenden seien drei Fälle exemplarisch dargestellt, die prototypisch bedacht werden sollen.

Mehrheitlich christlicher Kontext

Das ist dann der Fall, wenn die Schule in einer christlich dominierten Region liegt, wenn beispielsweise Evangelische und Katholiken zu etwa gleichen Teilen vertreten sind und Muslime und Nicht-Religiöse nur eine marginale Minderheit bilden.

12 Vgl. Michalzik (2015).

13 Vgl. Husmann (2004), S. 132–139 sowie dieselbe (2020), S. 24–27.

Dies ist (aus christlicher Sicht) die Situation, die die wenigsten Fettnäpfchen bereithält. Für eine solche Situation lässt sich sogar fragen, ob nicht das Format der liturgischen Gastfreundschaft passender ist als das der „Religiösen Feier für alle“ (siehe unten Seite 17).

Mehrheitlich säkularer Kontext

Diese Situation findet sich vor allem in Norddeutschland in den Metropolregionen der freien Hansestädte Hamburg und Bremen oder in Ostdeutschland. Die Planungsvoraussetzung ist, dass die Mehrheit der Schülerinnen und Schüler nicht religiös gebunden ist. Unserer Erfahrung nach heißt das in Norddeutschland nicht, dass sie nicht am Religionsunterricht teilnehmen. Für die Planung wird es einen Unterschied machen, ob sich Säkularität mit Religionsfeindlichkeit oder mit Indifferenz verbindet. Im ersten Fall raten wir von einer religiösen Feier ab. Im zweiten Fall kann sich der Einsatz für eine religiöse Feier lohnen, denn Sinn und Geschmack für das Unendliche kann auch in der Begegnung entstehen. Hier ist wichtig, besonders umsichtig in den Formulierungen zu sein, die Freiheit der Teilnehmenden zu einer säkularen Lebens- und Bekenntnisform zu achten und die eigene religiöse Positionierung sehr klar zu benennen. Auch das Verhältnis zu einem gegebenenfalls sakralen Raum muss benannt werden. Insbesondere der Tod lässt sich kaum aushalten ohne den Trost, dass die Welt, die wir mit unserem Verstand begreifen, nicht das einzig denkbar Existierende sein muss.

Paradigmatisch sei die Trauerfeier für Max Frisch 1991 in der evangelisch-reformierten Stiftskirche St. Peter in Zürich genannt. Jürgen Habermas schrieb darüber 2007 in der Neuen Zürcher Zeitung:

> „Damals habe ich die Veranstaltung nicht für merkwürdig gehalten. Aber deren Form, Ort und Verlauf sind merkwürdig. Max Frisch – ein Agnostiker, der jedes Glaubensbekenntnis verweigerte – hat offenbar die Peinlichkeit nichtreligiöser Bestattungsformen empfunden und durch die Wahl des Ortes öffentlich die Tatsache dokumentiert, dass die aufgeklärte Moderne kein angemessenes Äquivalent für eine religiöse Bewältigung des letzten, eine Lebensgeschichte abschließenden rite de passage [Übergangsritus] gefunden hat.“ (Habermas 2007)

Kulturell und religiös heterogener Kontext

Das ist etwa dann der Fall, wenn die Schule in einer stark von Zuwanderung betroffenen Region liegt und aus diesem Grund die Eltern der Schülerinnen und Schüler oder diese selbst unterschiedlichste nationale wie religiöse Hintergründe mitbringen.

Ein solcher Kontext stellt sicher die größte Herausforderung dar. Ob eine religiöse Feier in einem solchen Kontext gelingen kann, hängt zum einen von der Existenz von Protagonisten ab, die bereit sind, eine solche Feier vorzubereiten. Ganz entscheidend hängt sie aber daran, dass darauf verzichtet wird, für diese Feier eine künstliche Hybrid-Religiosität zu erfinden, die vorgeblich alle „bedient", aber zugleich niemandes Heimat ist. Hier ist es besser, wenn die Vorbereitenden die verschiedenen Traditionen selbst zu Wort kommen lassen und sie nebeneinander stellen – um den Preis, dass jeweils immer nur ein Teil der Teilnehmenden wirklich teilnehmen kann und eine Mehrheit zu teilnehmenden Beobachtern wird. Auf die alle verbindende Sprache Deutsch sollte (wie bei allen anderen Formaten auch) nicht verzichtet werden.

Mehrheitlich muslimischer Kontext

Das könnte dann der Fall sein, wenn die Schule beispielsweise in einer Region liegt, die in der Vergangenheit von Zuwanderung aus mehrheitlich muslimischen Ländern geprägt war, in der also muslimische Schülerinnen und Schüler in der Mehrheit sind.

Lassen sich in einer solchen Situation religiöse Feiern anbieten und realisieren? Vermutlich nicht, wenn sich im Vorbereitungsteam ausschließlich christliche Schülerinnen und Schüler befinden. Es ist aber etwa dann möglich, wenn es einen evangelischen oder katholischen Religionskurs mit einem nennenswerten Anteil muslimischer Schülerinnen und Schüler gibt und sich aus diesem Kurs ein gemischtes Team unter Begleitung der Lehrkraft findet, das sich der Vorbereitungsaufgabe stellt. Oder wenn es ein gut zusammenarbeitendes Klassenlehrerteam aus einer muslimischen und einer christlichen Lehrkraft gibt, die beide eine solche Feier für sinnvoll halten und sich der Leitungsaufgabe stellen mögen.

1.4 Formen

Die „Liturgische Konferenz"[14] hat sich 2006 ausführlich mit der Frage beschäftigt, wie „Schulgottesdienste" gefeiert werden können, wenn Gottesdienste im Rahmen der Schule zur ersten und einzigen Begegnung mit Gottesdiensten überhaupt werden und sich die Schulgemeinschaft religiös

14 Die Liturgische Konferenz „bearbeitet grundlegende Fragen des evangelischen Gottesdienstes in Arbeitsausschüssen und liturgischen Fachtagungen. Sie veröffentlicht ihre Ergebnisse mit dem Ziel, das gottesdienstliche Leben in evangelischen Kirchen im deutschsprachigen Raum zu fördern. In ihr sind nicht nur die einzelnen Landeskirchen im Bereich der EKD vertreten, sondern auch Vertreterinnen und Vertreter unter anderem aus Österreich und der Schweiz. Dazu kommen einzelne liturgische und hymnologische Expertinnen und Experten" (https://www.liturgische-konferenz.de [Zugriff: 11.03.2021]. In der folgenden Darstellung sind einzelne Formulierungen aus der Veröffentlichung von 2006 aufgenommen worden, ohne sie eigens kenntlich zu machen.

pluralisiert. Es wurde eine Typologie entwickelt, die seither in fast allen Veröffentlichungen zu Schulgottesdiensten aufgenommen wurde. Dabei wird zwischen folgenden Typen religiöser Feiern unterschieden:

Liturgische Gastfreundschaft
Hier trägt eine bestimmte Gemeinde, die auch den Raum zur Verfügung stellt, die Verantwortung für die Feier und lädt dazu ein. Die Feier hat ein erkennbares religiöses oder konfessionelles Profil. Die Teilnehmenden sind Gäste und können sich verhalten zwischen aktiver und beobachtender Teilnahme.

Multireligiöse Feier
Hier trägt eine gemischt-religiöse Vorbereitungsgruppe die Verantwortung. Die persönliche Verantwortung tritt in den Vordergrund ohne – bei Pfarrerinnen, Priestern oder Imamen – die institutionelle aufzuheben. Bei der Feier selbst werden sowohl Gemeinsamkeiten als auch Differenzen deutlich.

Interreligiöse Feier
Der Unterschied zur multireligiösen Feier, zu der es fließende Übergänge gibt, liegt darin, dass hier die ausschlaggebende Situation für eine solche Feier von der Art ist, dass das Bemühen um etwas Gemeinsames besonders stark ist und deshalb auch nach Kompromissen beispielsweise bei den Gebetstexten gesucht wird. Die Schwierigkeit besteht darin, dass aus der Situation heraus für einzelne Teilnehmende oder für Schulpastorinnen und -pastoren, die ihrem kirchlichen Dienstauftrag verpflichtet sind, eine hybride Mischreligion für den Moment entsteht.

Religiöse Feier für alle
Bei diesem Typus ist die Schule Veranstalter und auch verantwortlich. Der Anlass der Feier ist durch das Schulleben motiviert, nicht durch eine einzelne Religion. Weil die Feier auch für Teilnehmende ohne religiöse Bindung gedacht ist, muss man sich in der Liturgie der Feier auf gemeinsame Fragen nach dem Ganzen des Lebens beziehen. Diese Fragen können

> „zwar nicht gemeinsam beantwortet, aber doch gemeinsam gestellt werden. Zwar hat nicht jeder Mensch Religion, aber jeder Mensch ist in Auseinandersetzung mit Fragen begriffen, die von den Religionen thematisiert werden. Jeder Mensch muss sich mit den Fragen nach dem Unberechenbaren auseinandersetzen. Dazu gehören die Fragen nach dem (glücklichen oder unglücklichen) Zufall, nach der Schuld und nach dem Tod. Wer danach fragt, muss empirische bzw. kausale und wissenschaftliche Denkmuster überschreiten".
>
> (Liturgische Konferenz 2006, S. 32 f.)

Uns erscheint es sinnvoll, sich in heterogenen Situationen auf den Typus der „Religiösen Feier für alle“ zu beziehen (Ausnahme siehe oben Seite 16); diese stellt für agierende Theologinnen und Theologen sicher die größte Herausforderung dar, ist aber die einzige Form, in der ein Schulleiter, eine Schulleiterin sicher sein kann, dass wirklich die ganze Schulgemeinschaft gemeint ist und angesprochen wird. Agierende können alle sein: der Kollege, der sein Fach Katholische oder Evangelische Religion nicht mehr unterrichten mag, aber als Deutschlehrer ein großartiger Kenner und Liebhaber von Lyrik ist; die Kollegin mit dem Fach Darstellendes Spiel, die Schülerinnen und Schüler anleiten kann, Sprecherrollen gut auszufüllen; Klassenlehrerinnen und -lehrer, aus deren Gemeinschaft ein Kind verabschiedet werden muss; Religionskurse, die mit ihrer Lehrkraft sich in die Gestaltung ihrer Schulabschlussfeier einbringen wollen; Musiklehrerinnen und -lehrer, die mit einem Schulchor oder einem Blechbläserquartett oder einer Band eine solche Feier bereichern können.

1.5 Elemente einer Feier

Was gehört zu einer „Religiösen Feier für alle“ unabdingbar dazu? Und was könnte unter bestimmten Bedingungen dazugehören? Wir verwenden für religiöse Feiern den Begriff der Inszenierung. Bereits 1977 hat Michael Meyer-Blanck den klassischen evangelischen Gottesdienst als „Inszenierung des Evangeliums“ beschrieben (Meyer-Blanck 1977, S. 13–24) und dabei einen Begriff aus der Theatersprache benutzt, obgleich es beim Gottesdienst wie bei einer religiösen Feier keine Trennung von Bühne und Zuschauerraum geben sollte. Denn ihr Gelingen hängt davon ab, ob die Teilnehmenden auch wirklich teilnehmen können und nicht in die Zuschauerrolle gedrängt werden.

Trotz dieses Unterschiedes macht der Begriff der Inszenierung klar, dass Inhalt und Form einander entsprechen müssen, dass vermeintliche Äußerlichkeiten wie Raum, Kleidung, Beleuchtung und Akustik bedacht sein wollen, und dass die Agierenden eine Rolle übernehmen und diese gut einüben und gut verkörpern müssen. Deswegen ist es beispielsweise nicht entscheidend, ob jemand ein Gebet mit eigenem innigem Glauben erfüllen kann, sondern vielmehr, ob der Text des Gebetes so ist, dass er die Teilnehmenden anspricht, es sich also um Sprechtexte und nicht um Schrifttexte handelt und – ganz banal –, dass das Sprechen genügend artikuliert und ausreichend laut ist. (Weiteres dazu siehe unten Seite 25.)

In Anlehnung an die Phasen eines Gottesdienstes, die Meyer-Blanck 1977 beschrieben hat[15], lassen sich drei Teile in der Inszenierung einer religiösen Feier beschreiben:

A Hineinkommen
B Erinnern – Vergegenwärtigen – Reflektieren
C Herausgehen

Was gehört nun unabdingbar zu einer „Religiösen Feier für alle“ dazu?

Eröffnung

Am Anfang der Feier (Teil A) muss eine Eröffnung stattfinden, bei der die Teilnehmenden aus ihrem Alltag in einen anderen Raum hinein „abgeholt“ werden. In diesem Raum geht es nicht um Lernen und Funktionieren, sondern um eine gemeinsame Zeit, die dem Alltag enthoben ist und dazu dient, Vergangenes und Kommendes zu bedenken, Abschieden nachzugehen und sie zu begehen, Dankbarkeit für Gelungenes auszudrücken oder/und der Klage Raum zu geben. Sie hat vor allem die Funktion, alle Beteiligten „ankommen“ zu lassen und mögliche Verhaltensunsicherheiten unter den Teilnehmenden zu minimieren. Sie vermittelt ein Gefühl des Willkommenseins und stimmt auf Thema und Charakter der Veranstaltung ein. Sie erleichtert auch das Finden der eigenen Rolle für die Teilnehmenden: Kann ich hier teilnehmen, ohne „überwältigt“ zu werden? Kann ich hier auch dann teilnehmen, wenn ich „nur“ beobachten möchte? Generell gilt:

> „Anfänge haben immer Auswirkungen auf das, was ihnen folgt. Wenn etwas stattfindet, dann hat es auch begonnen. Oder andersherum: Was auf eine Eröffnung folgt, ist mit ihr immer auch schon mitgesetzt. Am Anfang geht es immer um's Ganze.“ (Husmann/Klie 2005, S. 33)

Lesung(en)

Lesungen gehören in den Teil B. Es sind Texte, die zu Gehör gebracht, aber nicht weiter interpretiert werden. Sie ergänzen die anderen Teile der Feier und können von jeder Teilnehmerin, von jedem Teilnehmer individuell aufgenommen und (im Stillen) kommentiert werden. Im besten Fall ergeben sich zwischen den Lesungen und den anderen Teilen der Feier inhaltli-

15 Wörtlich: A. Eröffnung und Anrufung (Distanz und Nähe zum Heiligtum), B. Verkündigung und Bekenntnis („Erinnern, Wiederholen, Durcharbeiten“), C. Abendmahl (Das heilige Essen), D. Sendung und Segen („Der Weg in das Leben“). Das Abendmahl entfällt selbstredend bei einer „Religiösen Feier für alle“. Es gibt hierzu auch kein Pendant (außer vielleicht eine gemeinsame Aktion wie das Beschriften von Karten). Das Zitat bei B. nimmt den Titel einer Aufsatzsammlung von Yorik Spiegel aus dem Jahr 1972 auf, eine Zeit, in der die Rezeption freudianischer psychoanalytischer Konzepte auf alle möglichen Bereiche en vogue war. Das Zitat bei D. ist ein Buchtitel von Manfred Josuttis aus dem Jahr 1991.

che Bezüge, die die inhaltlichen Möglichkeiten der Anknüpfung zum Thema der religiösen Feier erweitern. Es eignen sich Prosatexte, aber auch Gedichte. Gedichte können „ein Fenster zum Himmel" öffnen und zugleich die Möglichkeit unterschiedlicher Rezeptionen bewahren. Sie stellen nicht Sachverhalte fest, sondern machen Verborgenes sichtbar. So verfügen sie – im guten Fall – über Deutungspotenzial, ohne zu bevormunden. Sie zielen auf seelisches Erleben und Emotionalität.

Spielszene

Anstelle oder zusätzlich zu einer Lesung kann im Teil B eine Spielszene stehen. Ihr kommt die Funktion zu, Schülerinnen und Schülern aktiver zu beteiligen als mit einer Lesung. Vor allem aber können hier selbst erarbeitete Szenen dargeboten werden, die widerspiegeln, was die Schülerinnen und Schüler akut beschäftigt. In jüngeren Jahrgängen sind es (eher kurze) fertige Spielszenen, die – zum Beispiel vor Weihnachten – Inhaltliches darbieten. Spielszenen lockern zudem wortlastige Veranstaltungen auf, fokussieren die Aufmerksamkeit der Zuhörenden und bringen oft auch ein humoristisches Element in die Feier. Damit kann vor allem in den Themenbereichen „Gemeinschaft und Beziehung" und „Ungewissheit und Neubeginn" der nötigen Ernsthaftigkeit des Themas eine zu große Schwere genommen werden. Im Zusammenhang von Trauer- und Gedenkfeiern halten wir Spielszenen allerdings für ungeeignet.

Ansprache

Religiöse Feiern in der Schule sollten (im Teil B) auch anlassbezogene Deutungen enthalten: Was bedeutet Klassengemeinschaft im neuen Schuljahr? Wie gehen wir im Kontext Schule mit den auch in der Gesellschaft präsenten Festen im Jahreslauf – Ostern, Erntedank, Weihnachten ... – um? Welche Freiheit oder welche Herausforderungen warten nach der Schulentlassung und was bedeuten sie dem oder der Einzelnen? Wie lässt sich der Übergang von einer Lebensphase in eine andere gestalten? Wie können wir gemeinsam ein Unglück bearbeiten und was kann uns trösten? Was feiern wir bei einem Jubiläum?

Wo wir uns diesen Fragen stellen, brauchen wir Impulse „von außen". Solche Impulse können Erzählungen und Geschichten, Bilder, Musik und Lyrik sein, die nicht nur beschreiben, was ist, sondern auch möglichen Sinn in dem, was ist, erkunden – und uns anregen, unseren Sinn zu entdecken. Solche Impulse können auch Texte aus explizit religiösem Kontext sein, insbesondere aus der Bibel in ihren beiden Teilen sowie aus Schriften anderer Weltreligionen. Diese Texte sind dann aber sorgsam daraufhin zu prüfen, ob sie Alleingeltungs- bzw. Absolutheitsansprüche formulieren, was sie in der Regel unbrauchbar macht, oder ob sie von (Transzendenz-)Erfahrungen so erzählen, dass die Hörenden sich dazu mit ihren Erfahrungen zustimmend oder auch ablehnend verhalten können. Bekenntnisse, Ge- oder Verbote haben daher hier keinen Platz. Man kann die Ansprache am besten als ein öffentliches Nachdenken über einen Text oder ein Bild beschreiben, das assoziativen Eindrücken des Sprechers oder der Sprecherin nachgeht und Verbindungen knüpft zur Lage im Hier und Jetzt.

Stille

Zeiten des Schweigens haben (im Teil B) die Funktion, dass Gehörtes oder Gesehenes verarbeitet werden kann. Eine solche Verarbeitung kann in einer „Religiösen Feier für alle" nicht kollektiv, sondern nur individuell geschehen. Solche Phasen können durch Instrumentalmusik ergänzt werden (auch wenn es dann nicht mehr „still" ist), weil sie keine neuen Impulse setzt, sondern der Konzentration förderlich ist.[16]

Gebete

Gebete können insbesondere am Anfang (Teil A) und am Ende (Teil C) ihren Platz haben. Die Orientierungshilfe der Liturgischen Konferenz von 2006 nennt sieben Formen des Betens, die sich im Hinblick auf multi- oder interreligiöse Feiern eignen. Mit einer entsprechenden Einleitung versehen können wir uns die ersten fünf Formen auch für eine „Religiöse Feier für alle" vorstellen. Insbesondere bei Trauerfeiern, wenn der oder die Verstorbene religiös beheimatet war, können solche Gebete angemessen sein, auch wenn sie nicht alle Teilnehmenden mitsprechen können. Die fünf Formen sind so beschrieben:[17]

1. gemeinsame Stille, bei denen jede/jeder den eigenen Gedanken nachgehen kann
2. Annäherung an Gott/an Unverfügbares im Modus des Fragens (im Teil A)
3. Klage vor Gott/vor dem „unbekannten Empfänger" (im Teil A)
4. gemeinsame Bitte in der aktuellen gemeinsamen Situation (im Teil C)
5. Fürbitte für Andere (im Teil C)

16 Im evangelischen Gottesdienst sind von Luther die Lesung und das Bekenntnis mit „Wort und Antwort" beschrieben worden. Auch heute noch wird das gemeinsame Sprechen des Glaubensbekenntnisses oft mit den Worten eingeleitet: „Wir antworten auf das Evangelium mit dem Bekenntnis unseres Glaubens." Eine solche Wort-Antwort-Konstruktion setzt allerdings voraus, dass es ein Wir gibt, das durch ein gemeinsames Bekenntnis verbunden ist – jedenfalls in der Theorie. Das ist bei einer „Religiösen Feier für alle" jedoch nicht der Fall. Ob das Apostolische Glaubensbekenntnis wirklich immer als „Ant-Wort" auf einen Bibeltext tauglich ist, sei ebenfalls dahingestellt.

17 Vgl. Liturgische Konferenz (2006), S. 59.

Musik

Textgebundene Musik kann ähnlich wie Bilder oder Lyrik (religiöse) Deutungen zur Verfügung stellen. Mehr noch kann sie Emotionen hervorrufen, aber auch auffangen und bündeln. Gemeinsames Singen stärkt das kollektive Erleben und ist eine der Möglichkeiten, die Teilnehmenden zu aktivieren. Musik kann dazu dienen, Phasen im Verlauf der Feier kenntlich zu machen: Am Anfang und Ende, als Überleitung zwischen den Teilen A, B und C und (instrumental) in Zeiten von Stille und Schweigen.

Abschied (Segen)

Am Ende (im Teil C) sollten Sprachformen stehen, die einen Dank an die Akteurinnen und Akteure enthalten und die dem Ausblick auf das Kommende dienen. Wohin geht es jetzt? Nach Hause oder zum Buffet? Hier haben auch gute Wünsche und gegebenenfalls Segensformulierungen ihren Platz.

1.6 Akteurinnen und Akteure

Wer macht die Vorbereitung und wer übernimmt liturgisches Handeln? Eine „Religiöse Feier für alle" benötigt ein Team für Vorbereitung und Durchführung und eine Teamleitung, die einen Überblick über die Gesamtorganisation und die Terminplanung hat. Wer mit Schülerinnen und Schülern arbeitet, weiß, dass Spontanität und Sich-alle-Optionen-Offenhalten in aller Regel höhere Priorität haben als Verbindlichkeit. Deshalb sollte die Teamleitung erstens klar festgelegt sein und zweitens bei einem Erwachsenen liegen. Es ist gut, wenn dieses Schülerteam heterogen zusammengesetzt ist, und dass die Teamleitung einen persönlichen Kontakt zur Gruppe hat. Im Idealfall ist es eine Lerngruppe, die man regelmäßig sieht, und in die die Vorbereitung auch in Unterrichtsphasen integriert werden kann. Andere Settings sind natürlich auch möglich, kosten aber oft mehr Aufwand und Nerven.

Gut ist die Integration von Kolleginnen oder Kollegen mit dem Fach Musik und mit dem Fach Darstellendes Spiel. Je mehr – auch kleinere – Aufgaben an sie verteilt werden können, desto besser ist es für das Gelingen der Feier. Sie müssen dabei nicht notwendigerweise Teil des Vorbereitungsteams sein, sondern können – mit entsprechendem Briefing – auch bestimmte Teile und Rollen während der Feier übernehmen.

Unabdingbar ist, dass der Schulleiter oder die Schulleiterin eingebunden wird: Das muss mindestens eine Information mit der Bitte um Unterstützung sein. Da es sich bei einer „Religiösen Feier für alle" um eine Schulveranstaltung handelt, bei der der Schulleiter/die Schulleiterin die Gesamtverantwortung trägt, muss er oder sie auch über den laufenden Prozess informiert werden. Wenn man ein Konzept für eine solche Feier vorlegen kann, ist eher mit Unterstützung zu rechnen als beim Vortragen einer Idee. Je besser das Vorbereitungsteam innerhalb der Schulgemeinschaft verankert ist, desto bessere Startchancen hat ein solches Projekt.

Von der Einbeziehung schulexterner Personen raten wir ab, das heißt: Fragen des Proporzes („Ein Imam muss auch dabei sein!“) sollte man hintanstellen und sich lieber auf Menschen beziehen, zu denen eine persönliche Beziehung besteht. Wenn ein Imam in der benachbarten Moschee eine solche Person ist, ist es gut. Wenn es aber um Beteiligungen nach formaler Zugehörigkeit (Eltern, Schüler/Schülerinnen, Lehrer/Lehrerinnen oder Pastorin, Priester, Imam) geht, ist das nicht hilfreich, weil die Planung einer gelingenden Schulfeier etwas anderes ist als Gremienarbeit, bei der die Berücksichtigung von divergenten Interessen, die ausgeglichen werden müssen, eine wesentliche Rolle spielt.

2 Handwerkszeug mit Beispielen

Grundsätzliches

Eine (religiöse) Feier ist immer auch eine Inszenierung. Wenn diese Inszenierung wahrhaftig und „gut" sein soll, verlangt ihre Gestaltung von den Handelnden die bewusste Übernahme bestimmter Rollen wie Moderatorin, Regisseurin, Sprecher, Spielerin, Helfer, Teilnehmende ... Mit diesen Rollen sind bestimmte Aufgaben verbunden. Die Leitung z. B führt so durch die Feier, dass die Beteiligten sich mitgenommen fühlen können. Sie schafft ein Klima des Vertrauens, so dass nichts Bedrängendes oder Verletzendes geschieht, und hält zugleich eine gespannte Aufmerksamkeit für das weitere Geschehen wach. Ein Sprecher oder eine Sprecherin ist dafür verantwortlich, dass Texte verständlich und ihrem Typus angemessen „rüberkommen". Nicht er oder sie steht im Vordergrund, sondern der Text, der gesprochen wird, das Hörerlebnis. Spielende in kleinen Spielszenen nehmen ihre Rollen wahr, stellen Emotionen dar, verlebendigen eine Situation. Für das Gelingen einer Feier spielt eine wesentliche Rolle, ob sich die Handelnden ihrer jeweiligen Rolle bewusst sind und ob dies in ihren Haltungen für alle deutlich wird. Je stärker dies der Fall ist, umso „schöner" kann die Feier werden.

Insofern haben neben der Gestaltung des Raumes Kleidung, Auftreten, Gestik und Sprache besondere Bedeutung. Sie können entweder die Stimmung, den Charakter, das Thema der Feier bestätigen und verdeutlichen oder dies alles im ungünstigen Fall unterlaufen und konterkarieren. Zu lässiges oder übermäßig gestyltes Outfit, steife oder spannungsarme Bewegung, unbewusste Körpersprache, flapsig-ironische oder hochgestochene Sprache torpedieren in der Regel jede gut gemeinte Intention. Zu fragen ist also: Signalisieren die Handelnden in ihrem gesamten Auftreten, dass diese Feier anders ist als das sonstige Schulleben? Nehmen sie das Anliegen der Feier im guten Sinn ernst, gerade auch da, wo die Feier fröhlich sein soll?

Kleidung

Auch wenn spezifisch liturgische Gewänder hier eher nicht am Platz sind, sollte sich die Kleidung sowohl von Alltagskleidung als auch von dezidiertem Freizeit-Outfit unterscheiden. Zugleich soll sie ermöglichen, sich „natürlich" und ungekünstelt zu bewegen. Angemessene Kleidung sollte nicht als „Verkleidung" empfunden werden.

Gestik und Auftreten

Sind die Handelnden sich ihrer Sache sicher (was auch damit zu tun hat, dass alles gründlich geprobt wurde) oder vermitteln sie das Gefühl, die Veranstaltung möglichst schnell hinter sich bringen zu wollen? Drückt sich in ihrer Körpersprache Verlegenheit aus oder Einverständnis mit dem, was gerade dran ist? Gut ist es, wenn den Handelnden ein selbstbewusstes Agieren im Dienst des Ganzen abzuspüren ist; wenn sie als Personen erkennbar sind, ohne ihr Ego in den Vordergrund zu spielen. Hier liegt die besondere Aufgabe für die Leitung der Vorbereitungsgruppe, die in ihrer Persönlichkeit recht unterschiedliche Mitwirkende zu einem Team zusammenführt. Ziel ist es, die Stärken der Einzelnen für das Ganze fruchtbar zu machen.

Sprache

Zuwendung zu den Teilnehmenden erfolgt in hohem Maß über die gewählte Sprache. Möglichst konkret sollte sie sein, den Teilnehmenden angemessen, jedoch ohne in Kinder- oder Jugendjargon zu verfallen. Man kann sicher unterschiedlicher Meinung sein, was „angemessen" ist. Gedichte z. B. folgen nicht den Regeln der einfachen Sprache. Trotzdem können sie angemessen sein. Ironie oder übertriebene Lockerheit als sprachliches Stilmittel sind eher kontraproduktiv. Viel gewonnen ist, wenn das Grundgefühl „Es ist gut, dass wir alle jetzt hier zusammen sind" das Sprechen und die Sprache bestimmen.

Technik

Ein weiteres Augenmerk sollte der eingesetzten Technik dienen. Wo sie eingesetzt wird, sollte sie von guter Qualität sein und einwandfrei funktionieren. Der Verzicht auf technische Unterstützung ist besser als schlechte Technik. Es lohnt sich immer, Menschen eigens mit der Aufgabe zu betrauen, die Verantwortung für dieses Funktionieren zu übernehmen und damit den anderen den Rücken für ihre Aufgaben freizuhalten. Alle Beteiligten sind mit der für sie vorgesehenen Technik vertraut zu machen. So ist beispielsweise das Sprechen in ein Mikrofon (Abstand, Lautstärke) gründlich zu proben. Es bedarf bei Ungeübten immer einer gewissen Überwindung, sich selbst über Lautsprecher zu hören und die in dieser Weise oft ungewohnt klingende eigene Stimme nicht peinlich zu finden; zugleich muss dabei der Gefahr begegnet werden, Ansagerinnen oder Moderatoren von Bühne, TV und YouTube zu imitieren. Insgesamt sollte also die praktische Probenarbeit[18] nicht geringgeschätzt werden.

18 Für das Verstehen einer Liturgie als Handwerk ist in diesem Zusammenhang hilfreich: Kabel (2002), hier S. 263 f.

Vorbereitung

Religiöse Feiern bedürfen sehr sorgsamer Planung und Vorbereitung, insbesondere dann, wenn sie im Team geschehen und (liturgisch) eher unerfahrene Personen mitwirken. Dabei ist neben der inhaltlichen Vorbereitung ein deutliches Augenmerk auf das praktische Ausprobieren zu legen, also auf das körperliche Agieren, das Spielen und Sprechen, das Sich-Bewegen, die Gestik. Was bei Profis das Ergebnis langen Trainings ist, kann man nicht aus dem Ärmel schütteln. Die notwendige intensive Probenarbeit dient nicht dem Erreichen eines möglichst hohen Perfektionsgrades, sondern soll zu einer Sicherheit und Gelassenheit der Agierenden führen, die sich dann möglichst auf alle Teilnehmenden überträgt.

Muss man so viel Aufwand betreiben? Nein, das „muss" man nicht. Und doch: Wir raten dazu. Denn eine aufwändige Vorbereitung schafft Verhaltenssicherheit und gibt den Akteurinnen und Akteuren Souveränität. Die Probenarbeit hat auch einen Wert in sich: Schülerinnen und Schüler erfahren von anderen, was sie können. Der Fokus liegt auf der Frage: Wer kann was am besten? Das sollte er oder sie dann machen. Die Vorbereitung einer „Religiösen Feier für alle" braucht viele Gaben: künstlerische, musikalische, sprachliche, Schreibtalente, Organisationstalente, Vorlesetalente. Und die Diversität all dessen, was sich im Verlauf der Vorbereitung zusammenfindet, ist auch ein Abbild der Heterogenität der Menschen, die an der Schule zusammen lernen und einen Teil ihres Lebens teilen. Hier kann alles zusammengeführt werden und Diversität kann im Team als Stärke wahrgenommen werden. Deshalb sind die hier und da auftretenden Imperative und „Sollte"-Sätze in den nächsten Abschnitten nicht als „Du musst ..." zu lesen, sondern als „Es lohnt sich, wenn ...".

2.1 Eröffnungen

Die Eröffnung schafft für die Teilnehmenden den ersten und entscheidenden Eindruck. Sie spiegelt in besonderem Maße die Gesamthaltung der Handelnden wider. Die Eröffnung sollte daher in der Regel von den Leitenden der Veranstaltung übernommen werden. Ihr kann ein einleitendes Musikstück vorangehen (siehe unten S. 61 f.).

Eine Eröffnung kann sowohl von einem Lesepult aus als auch frei stehend gesprochen werden: Wenn man gar nichts als „Stütze" hat, stellt sich die Frage: Wohin mit den Händen? Man sollte sie nicht falten, auch kein „Merkel-Dreieck" bilden, auch nicht die Hände mit den Handflächen ineinander legen, wie man das bei vielen Pastorinnen und Pastoren sieht; schon gar nicht sollte man die Arme abwehrend verschränken. Man sollte vielmehr die Hände einfach locker neben dem Körper herunterhängen lassen. Das ist zunächst eine sehr ungewohnte Haltung. Man fühlt sich als Sprecher oder Sprecherin ungeschützt und verletzlich. Dieses Gefühl hat vielleicht mit der Entwicklung des Menschen vom Fortbewegen auf vier Gliedmaßen hin zum aufrechten Gang auf zwei Beinen zu tun. Der Bauch ist eine verletzliche Stelle – die einzige Stelle im Körper, die mit einem Dolch einfach durchstoßen werden kann. Im Vierfüßler-Stand ist diese Stelle gut geschützt. Beim aufrechten Stand bietet sich diese verletzliche Stelle des eigenen Körpers den anderen dar. Man muss solches Stehen üben und sich selbst mental umstellen: „Hier stehe ich. Ich habe Vertrauen in euch, dass ihr mir nichts tun werdet."[19] Eine solche unausgesprochene, vertrauensvolle und aufrechte (aufrichtige!) Körperhaltung wird ihre Wirksamkeit entfalten, weil sie sich, ebenfalls unbewusst, auf die Teilnehmenden der Feier überträgt.

Die Eröffnung wird also möglichst frei (zur Not unter Zuhilfenahme von Moderationskarten) gesprochen. Sie sollte nicht abgelesen werden, damit die Teilnehmenden mit Blickkontakt angesprochen werden können. Fast versteht sich von selbst, dass ein fest installiertes Mikrofon viel, viel besser ist als eines, das in der Hand gehalten werden muss. Zum einen hat man dann eben nicht beide Hände frei (zusammen mit Moderationskarten ist ein in der Hand gehaltenes Mikrofon nahezu unmöglich zu handhaben); zum anderen ist es viel leichter, immer denselben Abstand zum Mikro zu halten, wenn dieses fest auf einem Stativ aufgesteckt ist. Während des Sprechens sollte man nicht kopfschwenkend die ganze Zuhörerschaft „scannen", sondern nacheinander, beispielsweise nach einem längeren Satz oder einem Abschnitt, einzelne Personen direkt anschauen. Das Sprechtempo ist moderat und mit Sprechpausen versehen, damit die Hörenden das Gesagte gut aufnehmen können.

Religiöse Feier am Vorabend der Schulentlassung

Diese Form der Eröffnung signalisiert, dass die Vorbereitung der Feier im Team geschah; sie kann sowohl in allen Rollen von Schülerinnen und Schülern übernommen werden als auch eine mitwirkende Lehrkraft ins Spiel bringen. Das Auftreten von Schülerinnen und Schülern in moderierender Funktion erleichtert die Identifikation der Teilnehmenden mit der Veranstaltung. Die Anwesenden werden begrüßt, Anlass und Thema der Feier werden benannt, ohne Inhalte schon vorwegzunehmen. Das Motto „Freiheit" klingt an. Wenn alle möglichst gespannt darauf sind, was in den nächsten ca. 45 bis 60 Minuten geschieht, hat die Eröffnung ihren Zweck erfüllt.

Herzlich willkommen. *(kurze Pause)* Wir laden euch ein, sich heute, am Vorabend der Entlassung, etwas Zeit zu nehmen, den Gedanken und den unterschiedlichen Gefühlen Raum zu geben. Und wir laden euch ein, dies nicht allein zu tun, sondern in Gemeinschaft, mit anderen zusammen. *(kurze Pause)* Ein Lebensabschnitt ist an sein Ende gekommen. Wir lassen etwas Vertrautes zurück. Ein gutes

19 Die Übung für diesen mentalen Wechsel verdanken wir dem Schauspieler und Trainer für freies Sprechen Gerd Zietlow, Hannover (bei einem Kurs zu „Frei predigen" vom 14. bis 16.09.2020 im „Atelier Sprache" in Braunschweig).

Stück Lebensweg liegt hinter uns und ein unbekannter Weg vor uns. *(kurze Pause)* Am Horizont leuchten neue Erfahrungen auf. Leise Wehmut und Freude mischen sich. Neugier und Unsicherheit: Was wird kommen? *(kurze Pause)* Manche Perspektive ist klar und manches ist noch offen. Gemischte Gedanken – gemischte Gefühle.
Das Ende der Schulzeit – ist das jetzt der Aufbruch zu etwas ganz Neuem? Wie geht es weiter? Und was ist eigentlich Freiheit? Wo lässt sie sich finden und entdecken? *(kurze Pause)* Danach fragen wir in dieser Stunde, darüber wollen wir mit euch nachdenken.

Religiöse Feier nach den Sommerferien (Grundschuljahrgänge)

Es bietet sich für die Grundschule an, religiöse Feiern zum Schulbeginn in den einzelnen Klassenstufen zu feiern. Dies reduziert vor allem die Unruhe, die in der Regel nach unserer Erfahrung mit Veranstaltungen für diese Altersgruppe einhergeht. Die Schülerinnen und Schüler können gezielt im Blick auf ihre Position in der Altershierarchie angesprochen werden.

Wir begrüßen euch zu dieser Feier am Beginn eines neuen Schuljahres. Die großen Ferien sind vorbei und ihr seid wieder hier in der Schule. Wie schnell die Zeit vergeht:

[2. Klasse]: Nun seid ihr nicht mehr die Kleinsten in der Schule; ihr habt schon eine Menge gelernt und nun kommt viel Neues dazu.

[3. Klasse]: Letztes Jahr wart ihr nicht mehr die ganz Kleinen, und dieses Jahr seid ihr fast schon die Großen. So könnt ihr auch auf die Jüngeren acht geben, besonders auf die Neuen. Ihr wisst schon eine ganze Menge. Doch es gibt noch mehr zu lernen.

[4. Klasse]: Euer letztes Schuljahr in der Grundschule fängt heute an. Ihr seid jetzt die Großen und ihr kennt euch hier schon gut aus; ihr wisst, wie es geht. Und ihr könnt gut auf die Jüngeren acht geben, besonders auf die Neuen.

Ein gutes Schuljahr für alle soll es werden, das wollen wir in dieser Feier miteinander bedenken.

Religiöse Feier vor den Weihnachtsferien

In dieser Eröffnung wird die schulische und außerschulische Situation der Teilnehmenden aufgenommen. Auch für die „Kultur-Christen" und für alle, die nicht Christen sind, klingt das allen gemeinsame Thema in der letzten Frage an. Das „Wir" macht deutlich, dass hinter der Vorbereitung der Feier ein Team steht, auch wenn nur eine Sprecherin/ein Sprecher die Eröffnung spricht.

Wir heißen euch alle herzlich willkommen. Viel Trubel bestimmt die Zeit im Dezember, in der Christen sich auf Weihnachten vorbereiten. Auch in der Schule ist viel Trubel: der Basar, viele Klassenarbeiten, nur noch wenige Wochen, dann gibt es Halbjahreszeugnisse. Die Geschäfte machen viel Umsatz. Aber nicht nur in den Geschäften und in der Schule ist viel los. Auch in den Familien laufen die Überlegungen auf Hochtouren, wer sich wie, wann, wo und mit wem trifft. Und manchmal auch: wie man Streitigkeiten am besten vermeiden kann. Wie wird es sein an den Feiertagen? Und bedeutet es etwas für uns alle, dass Weihnachten mit Ferien verbunden ist?

Religiöse Feier bei einem Trauerfall

Bei dieser Form der Eröffnung gibt es ein begrüßendes Ich, das für den sicheren Ablauf in einer traurig-konfusen Situation bürgt. Die Formulierung „Lasst uns" statt etwa „Wir wollen" ist eine Aufforderung, der man sich anschließen kann oder auch nicht. Sie enthält kein vereinnahmendes Wir. Und die Eröffnung gibt einen Ausblick auf das, worum es bei der Trauerfeier geht.

Ich begrüße euch zu dieser Trauerfeier für [Name]. Lasst uns in dieser Stunde an [Name] und seine/ihre Familie denken. Lasst uns unsere gemeinsame Zeit mit [Name] noch einmal vor Augen führen. Lasst uns gemeinsam seinen/ihren Tod beklagen. Lasst uns eine Stunde lang unseren Alltag ruhen. Und lasst uns auf Texte hören, die uns in dieser Zeit vielleicht ein wenig trösten können.

2.2 Lesungen

Handwerklich ist hier vor allem auf einen geübten Vortrag zu achten, der der jeweiligen lyrischen Struktur, sinngemäßen Betonungen, Absätzen und Pausen gerecht wird. Auch eine deutliche Aussprache ist wichtig. Da es sich um eine Lesung handelt und nicht um eine An-Sprache, wird Blickkontakt zu den Hörenden nicht oder allenfalls sehr sparsam aufgenommen. Ein Lesepult ist hier sehr hilfreich, zumal es eine konzentrierte Haltung ermöglicht. Erfolgreiche Teilnehmerinnen oder Teilnehmer von Vorlesewettbewerben können hier ihre Aufgabe finden.

Alle hier beispielhaft vorgestellten Texte für Lesungen können auch Grundlage für Ansprachen sein. Die vorangestellten Anmoderationen für die Gedichte können auch auf den jeweils ersten Satz beschränkt werden.

Thema Gemeinschaft und Beziehung

1. Wir hören nun ein Gedicht von Martin Gutl. Gutl lebte von 1942 bis 1994. Er war ein österreichischer katholischer Priester, der in einem Bildungshaus bei Graz gearbeitet hat, vor allem aber hat er Gedichte geschrieben.

In Beziehung

Zwei Hände können klatschen,
eine Hand schafft es nicht.

Regen und Erde,
Sonne und Mond,
Meer und Land,
Mann und Frau,
Mensch und Mensch,
alles ist für die Beziehung da.

Zwei Ohren,
zwei Augen,
zwei Seiten,
zwei Sichten.

Nichts ist für sich allein,
alles ist für die Beziehung da.

Martin Gutl
(Aus: Gutl, Martin (1978): Loblied vor der Klagemauer. Graz: Styria Verlag, S. 61)

2. Wir hören nun ein Gedicht von Petrus Ceelen. Ceelen wurde 1943 in Belgien geboren. Er hat Katholische Theologie studiert und bis zu seinem Ruhestand als Gefängnisseelsorger und als Seelsorger für HIV-Infizierte und Aids-Kranke gearbeitet.

Manche Menschen wissen nicht,
wie wichtig es ist, dass sie einfach da sind.

Manche Menschen wissen nicht,
wie gut es tut, sie nur zu sehen.

Manche Menschen wissen nicht,
wie tröstlich ihr gütiges Lächeln wirkt.

Manche Menschen wissen nicht,
wie wohltuend ihre Nähe ist.

Manche Menschen wissen nicht,
wie viel ärmer wir ohne sie wären.

Manche Menschen wissen nicht,
dass sie ein Geschenk des Himmels sind.

Sie wüssten es,
würden wir es ihnen sagen.

Petrus Ceelen
(Aus: Ceelen, Petrus (2016): Trau dem Leben. Worte, die Mut machen. Stuttgart: Verlag Katholisches Bibelwerk)

3. Wir hören nun ein Gedicht von Rose Ausländer. Sie wurde 1901 in Czernowitz, in der heutigen Ukraine, in eine deutschsprachige, jüdische Familie hineingeboren. Damals war Czernowitz die Hauptstadt der Bukowina, und dieses Gebiet war wiederum Teil der österreichisch-habsburgischen Monarchie. Rose Ausländer überlebte die Verfolgung durch die Nationalsozialisten in einem Kellerversteck. Nach dem Krieg wurde sie in ihrer Heimat als unerwünschte Deutsche angesehen und wanderte in die USA aus, kehrte 1964 nach Europa zurück und lebte von 1972 bis zu ihrem Tod 1988 in einem jüdischen Altersheim in Düsseldorf. Ihren Durchbruch als Lyrikerin erlebte sie erst mit 70 Jahren.

Gemeinsam

Vergesset nicht
Freunde
wir reisen gemeinsam

besteigen Berge
pflücken Himbeeren
lassen uns tragen
von den vier Winden

Vergesset nicht
es ist unsre
gemeinsame Welt
die ungeteilte
ach die geteilte

die uns aufblühen lässt
die uns vernichtet
diese zerrissene
ungeteilte Erde
auf der wir
gemeinsam reisen

Rose Ausländer
(Aus: Ausländer, Rose (1990): Gesammelte Werke Bd. 8. Frankfurt/M.: S. Fischer, S. 69)

4. Wir hören nun eine Geschichte, von der man gar nicht weiß, wer sie eigentlich ursprünglich einmal erzählt, geschrieben oder weitergetragen hat. Der ökumenische Verein „Andere Zeiten" in Hamburg hat sie veröffentlicht.

Himmel und Hölle
Eine fromme Frau bittet Gott, den Himmel und die Hölle sehen zu dürfen. Gott erlaubt es ihr und führt sie in einen großen Raum. In seiner Mitte steht auf dem Feuer ein Topf mit einem köstlichen Gericht. Rundherum sitzen Leute mit langen Löffeln, alle stochern in dem Topf, aber

sie sehen blass aus, mager und elend. So sehr sie sich auch bemühen, die Stiele der Löffel sind zu lang. Sie können das herrliche Essen nicht in den Mund bringen.

„Was für ein seltsamer Ort", sagt die Frau. „Das", antwortet Gott, „ist die Hölle."

Sie gehen in einen zweiten Raum, der genauso aussieht wie der erste. Auch hier brennt ein Feuer, und darüber kocht ein köstliches Essen. Leute sitzen rundherum, auch sie haben Löffel mit langen Stielen, aber sie sind alle gut genährt, lachen und scherzen. Einer gibt dem anderen mit seinem langen Löffel zu essen.

„Und dies", sagt Gott, „ist der Himmel."

(Aus: Andere Zeiten e.V. (Hrsg.) (2005): Typisch! Kleine Geschichten für andere Zeiten. Hamburg: Andere Zeiten e.V., S. 11)

5. Wir hören nun ein Gedicht von Dorothee Sölle. Sie lebte von 1929 bis 2003. Sie war Dichterin, Lehrerin und Theologin.

Behindert

Ralf war einundzwanzig jahre alt
und konnte gerade bis drei zählen
eingestuft als geistig behindert
als er eine lehrerin traf
die von ihm wissen wollte
warum er
in der schule nicht rechnen lernte

Er teilte es mit
und vergaß sich selber
mit den augen zu sehen
die ihn demütigten

Jede bekommt das gleiche sagte er
das ist das evangelium der gerechtigkeit
unser verstand ist viel zu klein
für diese gottesrevolution
sagte er jedem der es hören wollte
jede bekommt das gleiche

Zweiunddreißig geteilt durch acht ist vier
für alle acht das gleiche
fügt er jedesmal hinzu

Dorothee Sölle
(Aus: Sölle, Dorothee (2019): Poesie als Gebet. Eine Biografie in Gedichten. Herausgegeben und kommentiert von Barbara Zillmann. Berlin: Wichern-Verlag, S. 139)

6. Wir hören nun eine Geschichte, die aus dem chinesischen Volksgut stammt.

Der Axtdieb
Ein Mann hatte seine Axt verloren und vermutete, dass der Sohn des Nachbarn sie ihm gestohlen hatte. Er beobachtete ihn daher genau: Sein Gang, sein Blick war ganz der eines Axtdiebes. Alles, was er tat, sah nach einem Axtdieb aus. Einige Zeit später fand der Mann zufällig die Axt unter einem Bretterhaufen. Am nächsten Tag sah er den Sohn des Nachbarn: Sein Gang war nicht der eines Axtdiebes, auch sein Blick war nicht der eines Axtdiebes.

(Aus: Halbfas, Hubertus/Halbfas, Ursula (Hrsg.) (1972): Das Menschenhaus. Ein Lesebuch für den Religionsunterricht. Düsseldorf: Patmos Verlag, S. 109)

7. Wir hören nun einen Text von Thich Nhat Hanh [sprich: tikh njat haj(n)[20]]. Thich Nhat Hanh wurde 1926 in Vietnam geboren, er zählt zu den großen buddhistischen Lehrern unserer Zeit. Seine „fünf Achtsamkeitsübungen", aus denen wir die vierte hören, zeigt, wie sehr ihm daran liegt, dass jeder Mensch immer in Bezug zu anderen Mensch steht, und ein gutes Miteinander dadurch entsteht, dass man achtsam mit anderen umgeht.

Die vierte Achtsamkeitsübung
Im Bewusstsein des Leides,
das durch unachtsame Rede
und aus der Unfähigkeit, anderen zuzuhören, entsteht,
gelobe ich,
liebevolles Sprechen und tief mitfühlendes Zuhören zu entwickeln, um meinen Mitmenschen Freude und Glück zu bereiten und ihr Leiden lindern zu helfen.

In dem Wissen, dass Worte sowohl Glück als auch Leid hervorrufen können,
gelobe ich,
aufrichtig und einfühlsam reden zu lernen und Worte zu gebrauchen, die Selbstvertrauen, Freude und Hoffnung fördern.

Ich bin entschlossen, keine Informationen zu verbreiten, bevor ich nicht sicher bin, dass sie der Wahrheit entsprechen, und nichts zu kritisieren oder zu verurteilen, worüber ich nichts Genaues weiß.

Ich will keine Worte gebrauchen, die Uneinigkeit und Zwietracht säen oder zum Zerbrechen von Familien und Gemeinschaften beitragen können.
Ich will mich stets um Versöhnung und Lösung aller Konflikte bemühen, so klein sie auch sein mögen.

Thich Nhat Hanh
(Aus: Thich Nhat Hanh (2006): Nimm das Leben ganz in deine Arme. Die Lehre des Buddha über die Liebe. München: dtv, S. 141)

20 Vgl. die vietnamesische Aussprache bei https://de.forvo.com/word/th%C3%ADch_nhất_hạnh/ [Zugriff 27.03.2021]

Thema Ungewissheit und Neubeginn

1. Wir hören nun ein Gedicht von Christine Busta. Busta war eine österreichische Lyrikerin und Kinderbuchautorin. Sie lebte von 1915 bis 1987.

Am Rande

Manchmal auf einer Schwelle sitzen,
ausruhn vom Gehn, das nicht ankommt,
die Tür hinter dir und nicht klopfen.
Alle Geräusche wahrnehmen
und keines verursachen.
Das Leben, das dich nicht annimmt, erhören:
im Haus, auf der Straße,
das Herz der Maus und des Motors,
die Stimmen von Luft und Wasser,
die Schritte des Menschen, der Sterne,
das Seufzen von Erde und Stein.

Manchmal setzt sich das Licht zu dir
und manchmal der Schatten,
treue Geschwister.
Staub will nisten auf dir
und unbetretbarer Schnee.

Langsam unter der Zunge
wärmt sich dein letztes Wort.

Christine Busta
(Aus: Busta, Christine (1995): Unterwegs zu älteren Feuern. 3. Aufl. Salzburg: Otto Müller Verlag – zitiert nach Loccumer Brevier, S. 131)

2. Wir hören nun ein Gedicht von Lothar Zenetti. Zenetti war ein deutscher katholischer Priester, er lebte von 1926 bis 2019. Tätig war er als Gemeindepfarrer und Rundfunkbeauftragter für den Hessischen Rundfunk. Er übersetzte Werke des Lyrikers und Theologen Huub Oosterhuis vom Niederländischen ins Deutsche und veröffentlichte zahlreiche eigene Gedichte und Erzählungen.

Worauf sollen wir hören, sag uns worauf?
So viele Geräusche, welches ist wichtig?
So viele Beweise, welcher ist richtig?
So viele Reden, ein Wort ist wahr.

Wohin sollen wir gehen, sag uns wohin?
So viele Termine, welcher ist wichtig?

So viele Parolen, welche ist richtig?
So viele Straßen, ein Weg ist wahr.

Wofür sollen wir leben, sag uns wofür?
So viele Gedanken, welcher ist wichtig?
So viele Programme, welches ist richtig?
So viele Fragen, die Liebe zählt.

Lothar Zenetti
(Aus: Zenetti, Lothar (2001): Auf seiner Spur. Topos plus 327. 2. Aufl. Mainz: Matthias-Grünewald-Verlag – zitiert nach Loccumer Brevier, S. 198)

3. Wir hören nun ein Gedicht von Hermann Hesse. Hesse war ein deutsch-schweizerischer Schriftsteller und Maler. Er lebte von 1877 bis 1962. 1946 erhielt er den Nobelpreis für Literatur. „Stufen" ist eins seiner populärsten Gedichte.

Stufen

Wie jede Blüte welkt und jede Jugend
Dem Alter weicht, blüht jede Lebensstufe,
Blüht jede Weisheit auch und jede Tugend
Zu ihrer Zeit und darf nicht ewig dauern.
Es muss das Herz bei jedem Lebensrufe
Bereit zum Abschied sein und Neubeginne,
Um sich in Tapferkeit und ohne Trauern
In andre, neue Bindungen zu geben.
Und jedem Anfang wohnt ein Zauber inne,
Der uns beschützt und der uns hilft, zu leben.
Wir sollen heiter Raum um Raum durchschreiten,
An keinem wie an einer Heimat hängen,
Der Weltgeist will nicht fesseln uns und engen,
Er will uns Stuf' um Stufe heben, weiten.
Kaum sind wir heimisch einem Lebenskreise
Und traulich eingewohnt, so droht Erschlaffen,
Nur wer bereit zu Aufbruch ist und Reise,
Mag lähmender Gewöhnung sich entraffen.

Es wird vielleicht auch noch die Todesstunde

Uns neuen Räumen jung entgegen senden,
Des Lebens Ruf an uns wird niemals enden ...
Wohlan den, Herz, nimm Abschied und gesunde!

Hermann Hesse
(Aus: Hesse, Hermann (1972): Das Glasperlenspiel. Frankfurt/M: Suhrkamp Verlag, S. 483 f.)

4. Wir hören nun einige Verse aus dem biblischen Buch Kohelet. Das Buch Kohelet ist nach seinem Verfasser benannt, der wahrscheinlich ein jüdischer Lehrer gewesen ist und in einer Weisheitsschule unterrichtet hat. „Kohelet" bedeutet wörtlich „Versammlungsleiter". Deshalb heißt das Buch auch in manchen Bibelausgaben „Der Prediger". Es ist im Zeitraum von 300 bis 200 vor der christlichen Zeitrechnung entstanden.

Der Mensch im Wandel der Zeiten

Für alles gibt es eine bestimmte Stunde. Und jedes Vorhaben unter dem Himmel hat seine Zeit:

Eine Zeit für die Geburt
  und eine Zeit für das Sterben.
Eine Zeit zum Pflanzen
  und eine Zeit zum Ausreißen des Gepflanzten.
Eine Zeit zum Töten
  und eine Zeit zum Heilen.
Eine Zeit zum Einreißen
  und eine Zeit zum Aufbauen.
Eine Zeit zum Weinen
  und eine Zeit zum Lachen.
Eine Zeit zum Klagen
  und eine Zeit zum Tanzen.
Eine Zeit, Steine wegzuwerfen,
  und eine Zeit, Steine zu sammeln.
Eine Zeit, sich zu umarmen,
  und eine Zeit, sich zu trennen.
Eine Zeit zum Suchen
  und eine Zeit zum Verlieren.
Eine Zeit zum Aufheben
  und eine Zeit zum Wegwerfen.
Eine Zeit zum Zerreißen
  und eine Zeit zum Zusammennähen.
Eine Zeit zum Schweigen
  und eine Zeit zum Reden.
Eine Zeit zum Lieben
  und eine Zeit zum Hassen.
Eine Zeit für den Krieg
  und eine Zeit für den Frieden.
Welchen Gewinn hat einer davon, dass er etwas tut und sich abmüht?

Kohelet 3,1-9
(Aus: BasisBibel. Stuttgart: Deutsche Bibelgesellschaft 2021)

Thema Tod und Vergänglichkeit

1. Wir hören nun ein Gedicht von Rainer Schmidt. Rainer Schmidt wurde 1930 in Rastenburg/Ostpreußen im heutigen Polen geboren. Nach dem Krieg studierte er Medizin und bildete sich als Psychoanalytiker in der Tradition Alfred Adlers weiter. Neben seiner Arbeit als Psychoanalytiker hat er Erzählungen und Gedichte geschrieben und sich für die Verständigung zwischen Deutschen und Polen eingesetzt. 2020 ist er gestorben.

   zukunft
   immer gibt es
   zukunft
   sei es
   der tod

   immer und immer
   gibt es zukunft
   sei es
   das leben

   wir leben darauf zu
   – vom tod wissen wir wenig –
   das leben ist uns
   verheißung

   wir leben darauf zu
   als einem licht

   Rainer Schmidt
   (Aus: Schmidt Rainer (2000): Ortszeit. Gedichte aus fünf Jahrzehnten. Aachen: Alano Herodot Verlag, S. 82)

2. Wir hören nun ein Gedicht von Barthold Heinrich Brockes [gesprochen: Brooks]. Brockes lebte von 1680 bis 1747. Er kam aus einer reichen Hamburger Familie und konnte sich sein Leben lang seiner Tätigkeit als Dichter widmen.

   Die Welt ist allezeit schön

   Im Frühling prangt die schöne Welt
   in einem fast smaragdnen Schein.

   Im Sommer glänzt das reife Feld
   und scheint dem Golde gleich zu sein.

   Im Herbste sieht man als Opalen
   der Bäume bunte Blätter strahlen.

Im Winter schmückt ein Schein, wie Diamant
und reines Silber, Flut und Land.

Ja kurz, wenn wir die Welt aufmerksam sehn,
ist sie zu allen Zeiten schön.

Barthold Heinrich Brockes
(Aus: Brockes, Barthold Heinrich (1963): Irdisches Vergnügen in Gott. Gedichte. Auswahl und Nachwort von Adalbert Elschenbroich. (Universal-Bibliothek 2005) Stuttgart: Reclam)

3. Wir hören nun einen Text von Sebastian Sievers. Sievers wurde 1981 geboren. Er arbeitet als evangelischer Gemeindepfarrer.

Verwandlungen
Auf dem Dachboden deines Elternhauses die alte Kiste gefunden. Staub liegt auf dem Deckel und bedeckt die sorgfältige Handschrift. In der Kiste, eingehüllt von alten Zeitungen und dem Geruch von Mottenkugeln: ein großer Teil deiner Kindheit. Das Cowboy-Kostüm aus der dritten Klasse. Die Weste mit den Fransen. Deine Lieblingsjeans mit den Aufnähern; die hattest du an auf Marias 14. Geburtstag, beim Flaschendrehen mit Steffi. Und da liegt dein Jackett von der Schulentlassung.

Vor dem alten, erblindeten Garderobenspiegel, den dein Vater nie wegschmeißen konnte, hältst du dir dein Jackett vor die Brust.

Was war das für ein Mensch, der mal in dieses Jackett gepasst hat? Der regelrecht gut aussah in diesem Jackett mit seinem breiten Kragen und den Schulterpolstern. Ein völlig anderes Leben damals. Im Grunde ein ganz anderer Mensch, aber doch du selbst: mit anderen Wünschen, anderen Träumen, anderen Sorgen und anderen Ängsten als heute. Alles ganz anders damals – und trotzdem: du selbst.

Als du hineinschlüpfen willst in das Jackett eines jungen Menschen, zerreißt es an der Schulter. Das erste ist vergangen und die Vergangenheit ist kein Ort, an dem wir leben können. Wie sehr die Gedanken auch im Kreis laufen – die Vergangenheit zerreißt wie ein altes Jackett, wenn du hineinschlüpfen willst.
Der Pfad, auf dem die Gedanken in die Zukunft wandern, ist schmal und unvertraut. Nur vorsichtig und tastend kommt die Seele voran. Die Bilder fremd. Alles wird dann anders sein. Ohne Tränen, ohne Schmerzen, ohne Tod. Werden wir dann noch wir selbst sein? Alles wird anders – und doch bleiben wir wir selbst. So, wie wir uns ein Leben lang verändern, und dabei dieselben bleiben.

Der Cowboy beim Schulfasching, der Jugendliche, der Schulabgänger. Nicht mehr du, und doch du. Sterben und Auferstehen heißt anders werden und gleich bleiben.

Sebastian Sievers
(Aus einer Predigt am Ewigkeitssonntag im November 2020)

4. Wir hören nun einige Verse aus Psalm 77. Er steht im biblischen Buch „Die Psalmen". Psalmen sind Liedtexte, die ursprünglich einmal zur Musik eines Saiteninstruments namens Psalterium gesungen wurden. 150 Psalmen sind im Buch „Die Psalmen" gesammelt worden – über 500 Jahre lang.
Das Buch, das wir heute kennen, ist eine gezielte Zusammenstellung. Es gibt darin Lieder für den jüdischen Gottesdienst und Gebete von Einzelnen. Im christlichen Gottesdienst haben die Psalmen einen festen Platz. Psalm 77 ist ein Klagepsalm.

Gottes Spuren werden nicht erkannt.
  Laut rufe ich zu Gott, ich schreie!
  Laut rufe ich zu Gott, er wird mich hören!
Als ich in Not war, suchte ich den Herrn.
  Nachts breitete ich meine Hände aus und wurde nicht müde beim Gebet.
  Aber meine Seele ließ sich nicht trösten.
Ich will an Gott denken, ich seufze!
  Ich grüble und verliere den Mut.
Meine Augenlider hältst du offen.
  Ich bin aufgewühlt und kann kaum reden.
So versinke ich in Gedanken an früher,
  an die Jahre, die längst vergangen sind.
Nachts beim Saitenspiel denke ich nach. Ich mache mir Gedanken in meinem Herzen.
  In meinem Geist suche ich nach Antworten:
„Wenn der Herr jemanden verstößt, wird er dann für immer daran festhalten?
  Wird er nie wieder gut zu ihm sein?
Ist endlich Schluss mit seiner Güte?
  Gilt seine Verheißung nicht mehr von Generation zu Generation?
Hat Gott seine Barmherzigkeit vergessen?
  Oder überwiegt der Zorn sein Mitleid?"
Da sagte ich zu mir: „Es macht mich krank,
  dass der Höchste so frei ist, sein Tun zu ändern."
Darum will ich mich an die Taten des Herrn erinnern.
  Ja, ich will deine Wunder in Erinnerung rufen,
  aus der Zeit, die längst vergangen ist.
Ich denke nach über all dein Tun
  und mache mir Gedanken über deine Werke:
„Gott, dein Weg ist heilig!
  Welcher Gott ist so gewaltig wie du?"

Psalm 77,1-14
(Aus: BasisBibel. Stuttgart: Deutsche Bibelgesellschaft 2021)

5. Wir hören nun einen Text von Hanns Dieter Hüsch. Er war ein deutscher Kabarettist aus dem Rheinland und lebte von 1925 bis 2005.

ANTEILNAHME

Erkundigen wir uns, meine Freunde;
jeder, jeder ist doch froh,
wenn man Anteil nimmt.
Ganz egal, ob er nun groß oder klein, dick oder dünn,
berühmt oder unbekannt ist.
Die meisten Menschen, wir alle, brauchen das.
Wir brauchen, dass mal jemand kommt und nach uns fragt. Nicht wahr?

Denn nach den meisten Menschen fragt doch kein Mensch. Viele blühen doch richtig auf, wie ein Honigkuchenlipizzaner, wenn man sie fragt. [...] Wenn man sich für sie interessiert. Und da können Sie mir sagen, was sie wollen, alle Menschen werden im Augenblick ganz andere Menschen, wenn sie merken, da ist plötzlich jemand, der oder die sich [...] interessiert.

Plötzlich sieht der ganze Tag völlig anders aus, viel
heller, obwohl es regnet.
Weil man auf einmal von sich erzählen darf. Und dann
muss man einfach zuhören.
Das ist übrigens das Wichtigste.
Zuhören können, den anderen einfach mal alles
erklären lassen.
Ich habe das regelrecht üben müssen, muss ich zugeben.
Man hört sich ja auch gern selbst reden. [...]
Aber jetzt ist mal der andere, der oder die andere dran.
Und der ist ganz überrascht,
endlich hört ihm mal jemand zu. [...]

Heute hier, morgen zwischen Moskau und Smolensk und übermorgen auf der ganzen Welt.
Beginnen wir, meine Lieben, mit unserem Weg, nämlich bei uns selbst.

Vielleicht ein bisschen viel verlangt,
so früh am Morgen, aber heute Abend ist es vielleicht schon zu spät.

Hanns Dieter Hüsch
(Aus: Hüsch, Hanns Dieter (1994): Das Schwere leicht gesagt. Freiburg: Herder Verlag, S. 77–79)

Thema Dankbarkeit

1. Wir hören nun ein Gedicht von Hans Magnus Enzensberger. Enzensberger wurde 1929 geboren. Er ist ein deutscher Schriftsteller und Dichter. Er arbeitete als Redakteur beim Süddeutschen Rundfunk und als Herausgeber und Übersetzer.

Empfänger unbekannt – Retour à l'expéditeur

Vielen Dank für die Wolken.
Vielen Dank für das Wohltemperierte Klavier
und, warum nicht, für die warmen Winterstiefel.
Vielen Dank für mein sonderbares Gehirn
und für allerhand andre verborgene Organe,
für die Luft, und natürlich für den Bordeaux.
Herzlichen Dank dafür, daß mir das Feuerzeug nicht ausgeht,
und die Begierde, und das Bedauern, das inständige Bedauern.
Vielen Dank für die vier Jahreszeiten,
für die Zahl e und für das Koffein,
und natürlich für die Erdbeeren auf dem Teller,
gemalt von Chardin, sowie für den Schlaf,
für den Schlaf ganz besonders,
und, damit ich es nicht vergesse,
für den Anfang und das Ende
und die paar Minuten dazwischen
inständigen Dank,
meinetwegen für die Wühlmäuse draußen im Garten auch.

Hans Magnus Enzensberger
(Aus: Enzensberger, Magnus (2014): Gedichte 1950–2015. Berlin: Suhrkamp, S. 165)

2. Wir hören nun einen Auszug aus dem Text „Mein Leben" von Oliver Sacks. Sacks wurde 1933 in London geboren. Seine beiden Eltern waren Mediziner und entstammten großen orthodox-jüdischen Familien. Er selbst lebte seit 1960 in den USA und arbeitete als Neurologe. Er wurde berühmt für seine präzisen und warmherzigen Beschreibungen seiner Patientinnen und Patienten mit schweren neurologischen Störungen. Kurz vor seinem Tod im Jahr 2015 veröffentlichte er diesen sehr persönlichen Text in der New York Times.

Mein Leben

Vor einem Monat glaubte ich, gesund zu sein, sogar sehr gesund. [...] Jetzt muss ich entscheiden, wie ich meine letzten Monate verbringen will. Es sollen denkbar erfüllte, kostbare, produktive Monate sein. [...] In den letzten Tagen gelang es mir, mein Leben wie aus großer Höhe zu betrachten, als eine Art Landschaft, und mit einem vertieften Empfinden für die Beziehung zwischen allen ihren Teilen. Was nicht heißt, dass ich mit meinem Leben abgeschlossen hätte, ganz im Gegenteil, ich fühle mich außerordentlich lebendig, und ich wünsche und hoffe, in der Zeit, die mir bleibt, meine Freundschaften zu vertiefen, den Menschen, die ich liebe, Lebewohl zu sagen, mehr zu schreiben, zu reisen, wenn ich die Kraft habe, und neue Stufen der Erkenntnis und Einsicht zu erklimmen.

Ich werde Mut, Ehrlichkeit und klare Worte brauchen, während ich mich bemühe, mit der Welt und den Menschen ins Reine zu kommen. Trotzdem wird Zeit bleiben für etwas Spaß (und sogar Albernheit).

Plötzlich sehe ich alles viel deutlicher. Mir bleibt keine Zeit mehr für Unwichtiges. Ich muss mich auf mich, meine Arbeit und meine Freunde konzentrieren. Ich werde mir nicht mehr jeden Abend die Nachrichten anschauen und mich nicht mehr an Streitgesprächen über Politik und die globale Erwärmung beteiligen.

Nicht dass ich gleichgültig geworden wäre, ich bin nur nicht mehr so „ans Leben gebunden". Ich mache mir nach wie vor große Sorgen um den Nahen Osten, die globale Erwärmung, die wachsende Ungleichheit, aber diese Dinge gehen mich nichts mehr an; sie gehören der Zukunft an. [...] Wenn Menschen sterben, können sie nicht ersetzt werden. Sie hinterlassen Lücken, die sich nicht füllen lassen, denn es ist das Schicksal – das genetische und neuronale Schicksal – eines jeden Menschen, ein einzigartiges und einmaliges Individuum zu sein, seinen eigenen Weg zu gehen, sein eigenes Leben zu leben und seinen eigenen Tod zu sterben.
Ich kann nicht behaupten, ohne Furcht zu sein, doch mein vorherrschendes Gefühl ist das der Dankbarkeit. Ich habe geliebt und wurde geliebt, ich habe viel bekommen und ein wenig zurückgegeben; ich habe gelesen und ferne Länder bereist und gedacht und geschrieben. [...] Vor allem aber war ich ein fühlendes Wesen, ein denkendes Tier auf diesem schönen Planeten, und schon das allein war ein wunderbares Privileg und Abenteuer.

Oliver Sacks
(Aus: Sacks, Oliver (2015): Mein Leben. In: Ders.: Dankbarkeit. Reinbek: Rowohlt Verlag, S. 23–29)

2.3 Spielszenen

Die Idee, ein Thema in einer Szene „anzuspielen“[21], kommt oft von den Schülerinnen und Schülern in einer Vorbereitungsgruppe. Sie wollen damit ihren eigenen Zugang zum Thema verdeutlichen. Zugleich kann damit ein thematischer Impuls gesetzt werden. Besonders in der Oberstufe lassen sich solche Szenen auch durch die Jugendlichen selbst kreieren (siehe unten und das Beispiel Seite 83); sie brauchen dann aber entsprechenden „Feinschliff“ und Regiebegleitung[22] für die endgültige Erarbeitung. Dafür gelten entsprechende handwerkliche Implikationen, die hier nicht weiter ausgeführt werden, und eine gründliche Probenarbeit. Neben den Ideen und dem Material, das Schülerinnen und Schüler liefern, können auch Erzählungen oder fertig vorliegende Szenen zum Thema die Vorlage bilden. Sie gilt es dann entsprechend zu bearbeiten und anschließend zu proben. Die Inszenierung solcher Texte kann unterschiedlich sein. Manche Erzählung eignet sich für ein kleines Theaterstück (siehe das Beispiel Seite 44 f.). Ein (fiktiver) Mailwechsel kann von zwei Sprecherinnen vorgetragen werden, die von einer Stellwand getrennt werden. Eine Geschichte kann mit verteilten Rollen gelesen werden. Entsprechende Kompetenz vorausgesetzt ist vor allem in der Grundschule auch der Einsatz von Handpuppen denkbar.[23]

Religiöse Feiern am Vorabend der Schulentlassung

1. „Die Würfel sind gefallen!“ – Ein Schulabgänger und seine inneren Stimmen

Auf einem Stuhl in Bühnenmitte sitzt Anton, ein frisch gebackener Abiturient. Hinter ihm stehen rechts und links Ben und Claas als „innere Stimmen“. Die Namen der Spielerinnen und Spieler sind in allen Beispielen willkürlich gewählt und tauchen in alphabetischer Reihenfolge auf.

Anton: Tja, was nun werden soll, weiß ich auch nicht so genau! Mein Abi habe ich in der Tasche – aber jetzt läuft nicht mehr alles wie ich es gewohnt bin! Ich weiß wirklich nicht, was ich tun und wie ich mich entscheiden soll!

Ben *(legt Anton die Hand auf die rechte Schulter)*: Ich würde gern weiter zur Schule gehen, meine Freunde weiterhin treffen und sie nicht aus den Augen verlieren! So viel haben wir gemeinsam erlebt, und jetzt bleiben nur noch meine Erinnerungen! *(nimmt die Hand wieder weg)*

Claas *(legt Anton die Hand auf die linke Schulter)*: Oh nein, das ist doch langweilig! Jetzt muss mal etwas Neues kommen! Neue Umgebungen und neue Aufgaben bringen auch neue Freunde mit sich, und meine wahren Freunde werde ich sowieso nicht verlieren. *(nimmt die Hand wieder weg)*

21 Vgl. den Begriff „Anspiel“, der sich in älterer (spiel-)pädagogischer Literatur vor allem im kirchlichen Bereich findet.

22 Eine knappe Einführung zum Darstellendem Spiel und Literaturhinweise finden sich in Peterßen (2001), S. 58 ff.

23 Dazu unter handwerklichen Aspekten instruktiv: Möller (2007).

Ben *(legt Anton die Hand auf die rechte Schulter)*: Es geht nicht nur darum. Ich muss mein ganzes Leben neu organisieren, und ich weiß gar nicht, ob ich dazu in der Lage bin?! *(nimmt die Hand wieder weg)*

Claas *(legt Anton die Hand auf die linke Schulter)*: Aber Veränderungen machen gerade den Reiz des Lebens aus! Ich lasse es einfach auf mich zukommen. *(nimmt die Hand wieder weg)*

Anton: Soll ich es auf mich zukommen lassen? Meine Eltern haben für mein Leben ganz andere Vorstellungen. Ewig muss ich mir ihre Meckerei anhören! Sie meinen, ich setze falsche Prioritäten. Ich solle mich doch endlich mal entscheiden und bewerben! Die ständige Gammelei solle aufhören, und dass es so etwas zu ihrer Zeit nicht gab. Außerdem ständen wir schlecht vor unserer Verwandtschaft da! Immer dieses ewige Genörgele. Ich kann es nicht mehr hören. Mein Gott, ich weiß es doch auch nicht: Können sie nicht mal aufhören, mich jeden Tag damit zu nerven? Aber irgendwie haben sie ja auch recht. Ich muss mich doch endlich mal um etwas kümmern und mich entscheiden!"

Mitschüler David *tritt auf*: Hallo! Na, schwer am Grübeln? Weißt du schon, was du machen willst? Also, ich fange am 1. August meine Ausbildung an und freue mich schon darauf! Das Gehalt wird nicht schlecht sein. Aber das ist ja wohl nichts für dich. Ich musste mich immerhin vor über einem Jahr bewerben und vor einem halben Jahr habe ich bereits meine Zusage erhalten.

Mitschülerin Emilia *kommt dazu*: Ach was, lass sie labern. Ich weiß auch noch nichts, aber mir ist es egal, ob ich studiere oder eine Ausbildung mache oder gar nichts, hinterher bin ich so oder so arbeitslos!

Mitschülerin Fazile *kommt dazu*: Sei nicht immer so pessimistisch! Was soll ich denn sagen? Ich weiß auch noch nicht, was ich nach meinem sozialen Jahr mache. Aber in diesem Jahr werde ich in Ruhe meine Entscheidung treffen, und was ich mir dann vornehme, will ich auch verwirklichen. Und auch du lebst doch nicht nur für einen Beruf und um die Wünsche unserer Eltern zu erfüllen. Leb dein Leben – du wirst das schon schaffen!

Anton *(blickt sich um, sein Blick fällt auf einen großen Würfel)*: Warum soll ich nicht einfach den Zufall entscheiden lassen?! Wenn ich eine ungerade Zahl würfele, werde ich mit großen Bedenken in die Zukunft gehen, und wenn ich eine gerade Zahl würfele, gehe ich mit positiven Gefühlen in die Zukunft!

2. „Was wollen wir?" – Die Senkung der Arbeitsmoral nach H. Böll[24]

Auf der „Bühne" sitzt Anton als Fischer stilisiert (Ringelshirt, weite Hose, Mütze ...). Ben, ein Tourist tritt auf (elegante Freizeitkleidung, Sonnenbrille, Smartphone). Er sieht den Fischer, fotografiert ihn (Klickgeräusch!) dreimal. Der Fischer erwacht aus seinem Dösen. Der Tourist bietet ihm eine Zigarette an.

24 Wir verdanken diese Spielvorlage Birgit Baudewig von der Albert-Schweitzer-Schule in Nienburg. Zugrunde liegt der Text von Heinrich Böll: Anekdote zur Senkung der Arbeitsmoral. Böll schrieb den Text für eine Sendung des Norddeutschen Rundfunks zum „Tag der Arbeit" am 1. Mai 1963. Erschienen in: Böll, Heinrich (2008, 2011): Kölner Ausgabe. Bd. 12. 1959–1963. Hg. von Robert C. Conrad. Köln: Kiepenheuer & Witsch.

Ben: Tolles Wetter. Da werden Sie einen guten Fang machen.

Anton *nickt mit dem Kopf.*

Ben: Sie wollen nicht rausfahren?

Anton *schüttelt den Kopf.*

Ben: Oh, geht es Ihnen nicht gut? *(kleine Pause)*

Anton: Doch. Mir geht's prima. Könnte kaum besser sein.

Ben: Aber warum fahren Sie dann nicht raus? Ich habe gehört, das Wetter ist günstig.

Anton: Ich war heute morgen schon raus.

Ben: Und? War der Fang gut?

Anton: Naja, es reicht. Vier Hummer, gut zwanzig Makrelen.

Ben *schaut besorgt.*

Anton *klopft Ben beruhigend auf die Schulter:* Es reicht sogar für morgen und übermorgen.

Ben: Ich will mich ja nicht in Ihre persönlichen Angelegenheiten mischen. Aber wenn sie jetzt heute noch zwei-, dreimal rausfahren würden, dann hätten Sie doch einen tollen Fang gemacht. Stellen Sie sich das mal vor.

Anton *nickt.*

Ben: Und das Wetter soll so bleiben. Wenn Sie das also in den nächsten Tagen auch machen, drei-, viermal rausfahren ... Und jeden Tag, an dem sich das lohnt. Wissen Sie, was das heißt?

Anton *schüttelt den Kopf.*

Ben: In einem Jahr haben Sie ein stärkeres Boot. In zwei Jahren ein zweites Boot und einen Mitarbeiter. In drei oder vier Jahren kaufen Sie sich einen kleinen Kutter, und dann geht das richtig los mit dem Fischen. *(Ben wird immer begeisterter.)* Sie bauen ein kleines Kühlhaus, vielleicht eine Räucherei. Mieten sich einen Hubschrauber, von oben die Fischschwärme ausmachen. Ein Fischrestaurant aufmachen, den Hummer direkt an Sternerestaurants verkaufen ... *(Ben verschlägt es fast die Stimme.)* Und dann ... *(Ben kann vor Begeisterung kaum noch sprechen.)*

Anton *klopft Ben auf den Rücken:* ... Dann?

Ben: Dann können Sie beruhigt hier im Hafen sitzen, in der Sonne dösen und aufs Meer gucken.

Anton: Was glauben Sie, was ich die ganze Zeit mache, bevor Sie mich gestört haben?

2.4 Ansprachen

Im Kontext einer religiösen Feier sollte sich die Ansprache von einer Predigt unterscheiden, aber auch von einer Interpretation. Am nächsten kommt die Ansprache von ihrer Form her der Rede, sollte aber niemals so lange dauern. Eine Länge von vier bis sieben Minuten ist ideal.

Ansprachen dürfen nicht vorgelesen, sondern müssen vorgetragen werden. Es müssen Sprechtexte sein, die also auch nicht im Vorfeld in einem elaborierten Sprachcode aufgeschrieben sein dürfen. Ideal ist ein halb freier Vortrag anhand von Moderationskarten. Wer nicht auf eine schriftliche Vorlage verzichten mag, sollte diese mehrfach laut vortragen. Je weniger jemand gewohnt ist, Reden zu halten oder Texte auswendig zu lernen, desto wichtiger ist das laute Sprechen im Vorfeld. Auf diese Weise merkt man am besten, wo der Text noch zu viel Schriftliches an sich hat und zu wenig als An-Sprache wirkt. Hier kann man auch vom eigenen Sprechtempo her die Zeit einschätzen, die man benötigt.

Die meisten Ansprachen, die in diesem Band abgedruckt sind, knüpfen an einen Text oder an ein Bild[25] an. Das Material erleichtert es, nicht im Bereden des Anlasses oder gar der Lebensgeschichte eines Verstorbenen stecken zu bleiben. Beim Aufspüren von für den jeweiligen Anlass geeigneter Texte lässt sich auch auf Unterrichtswerke für Deutsch oder Religion zurückgreifen[26]. Ein Bild sollte den Teilnehmenden vorliegen oder farbig projiziert werden. Ein Text kann auch in der Ansprache selbst eingespielt werden.

Thema Gemeinschaft und Beziehung

Wir sehen rechts ein Bild von Patrick Schoden. Es heißt „Wer ruft mich?". Patrick Schoden ist freiberuflicher Supervisor, Gestaltpädagoge und freischaffender Künstler. Er begleitet viele Projekte im Bereich der Jugendbildung und des Jugendpastorals im Bistum Münster.

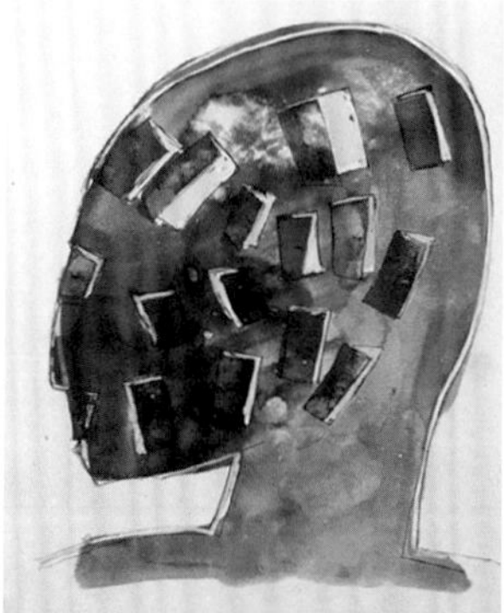

Patrick Schoden: Wer ruft mich?

Liebe Schulgemeinschaft!

Ein Kopf mit Türen ... Habt ihr so etwas schon mal gesehen? Türen kann ich mir gut vorstellen, wo Sinneseindrücke in meinen Kopf hineingehen: durch die Nase, durch das Ohr, durch

25 Zur weiteren theoretischen Vertiefung der religiösen Perspektive auf Bilder siehe: Hermelink/Plüss (2017).

26 Sehr geeignet sind auch die Kolumnen aus der ZEIT „Das war meine Rettung". Es gibt sie auch als Buch: Koelbl, Herlinde/Lewitan, Louis/Mangold, Ijoma (Hrsg.) (2012): Das war meine Rettung. 50 Persönlichkeiten erzählen von Wendepunkten in ihrem Leben. Hamburg: Edel.

die Augen, den Mund. Eigentlich gehören dann noch die Hände dazu, mit denen wir Dinge anfassen können: fühlen, ob sie warm oder kalt, rau oder glatt, weich oder hart sind. Patrick Schoden hat nur einen Kopf gemalt. Einen Kopf mit Türen überall.

Warum nur einen Kopf? Und warum ist keine Tür zu, sondern alle sind ein bisschen auf? Zwei sogar sind weiter auf. Und was für Türen sind das? Was ist hinter der Öffnung?

Auf jeden Fall ist es hell und licht. Alle Türen haben eine Klinke. Man kann sie also auf- oder auch zumachen. Türen sind ein starkes Symbol. Sie stehen für einen Übergang in einen anderen Raum. Man kann jemandem die Tür vor der Nase zuknallen. Man kann selbst vor verschlossenen Türen stehen und einfach nicht reinkommen. Du weißt nicht, was drinnen geschieht, du bleibst außen vor.

Wenn hier alle Türen offen sind, dann ist Austausch möglich. Zwischen drinnen und draußen. Zwischen denen, die drinnen sind, und denen, die rein wollen. Vielleicht nur kurz gucken wollen, ob das, was da drinnen ist, interessant ist. Vielleicht suchen sie auch Gemeinschaft und wollen bleiben.

Im Kopf fängt alles an. Was ich sehe, was ich fühle, was ich höre – alles steuert mein Kopf. Oft ganz unbewusst. Ich spüre etwas, bevor ich es sehe. Ich höre bestimmte Sachen, anderes blende ich aus. Menschen, die Hörgeräte bekommen, klagen oft darüber, dass sie plötzlich alles, aber auch alles hören. Ihr Gehirn muss neu lernen, alle diese Höreindrücke zu filtern. Nur das Wichtige hereinzulassen. So funktionieren wir. Menschen, die glauben, dass sie von Gott geschaffen sind, sagen: So wunderbar hat Gott uns gemacht. Die anderen sagen vielleicht: Der Mensch ist ein Wunderwerk; alles passt wirklich prima zusammen.

Vielleicht kennt ihr diesen Spruch: „Wer nach allen Seiten offen ist, ist nicht ganz dicht!" Da ist etwas Wahres dran. Man kann nicht alles in sich hineinlassen. Nicht auf zig Hochzeiten tanzen. Nicht alle Erwartungen erfüllen. Deshalb sind möglicherweise nicht alle Türen weit auf, sondern nur so angelehnt. Aber eben auch nicht zu.

Wir entscheiden, wem wir Zutritt verschaffen. Es ist ganz gut, finde ich, dass alle Türen eine Klinke haben. Im Prinzip, im Notfall, da könnte man sie zumachen.

Aber jetzt, jetzt gilt es, sich vorsichtig zu öffnen für all das Neue in diesem Schuljahr, dabei auf sich selbst acht zu geben. Es gilt, auch bei anderen zu schauen – ebenso vorsichtig! –, was hinter ihren Türen zu finden ist. So finden wir dann einen gemeinsamen Raum für unser Leben an dieser Schule, in dieser Klasse miteinander. Wir müssen nicht alle Räume unseres Lebens mit allen teilen. Aber wir brauchen einen gemeinsamen Raum, in dem sich gut lernen lässt.

Patrick Schoden hat seine Zeichnung „Wer ruft mich?" genannt. Auch das ist eine Möglichkeit: zu lauschen, ob irgendwo ein Ruf an mich ertönt. Eine kleine Verlockung, etwas zu erfahren, was ich noch nicht kenne. Für diesen Schulbeginn wäre das ein gutes Motto: Höre, wer dich ruft! Sperre alle Sinne auf! Tritt in Kontakt!

Thema Ungewissheit und Neubeginn

1. *Wir sehen hier ein Bild von Wolfgang Mattheuer. Es heißt „Geh aus deinem Kasten". Wolfgang Mattheuer wurde 1927 in Reichenbach in der ehemaligen DDR geboren. Er war Maler, Grafiker und Bildhauer und zählt mit Bernhard Heisig und Werner Tübke zur sogenannten Leipziger Schule, die sich mit dem „Sozialistischen Realismus" kritisch auseinandersetzte und diesen mehr oder weniger hinter sich ließ. Mattheuer starb 2004 in Leipzig.*

Wolfgang Mattheuer: Geh aus deinem Kasten (1985)

Liebe Schulgemeinschaft!

Er hat zwar keine Kleidung mehr am Leib, der Mann. Aber er kann endlich raus aus diesem unheimlichen, düsteren Kasten. Raus ins Helle, dahin, wo der Himmel blau ist. Wo Sonnenlicht das Leben bescheint. Mit Schwung über die Schwelle, den linken Arm nach oben geworfen, die rechte Hand an der Tür. So, dass er sie hinter sich zuziehen kann. Ein für allemal raus aus dem Kasten.

Ein letzter Blick zurück. Grell lodern Flammen auf, und doch scheinen sie den Raum nicht zu verbrennen. Sind die Flammen der Grund für die Flucht aus dem Raum? Sie tauchen die Kammer in ein düsteres Licht und lassen nach und nach Einzelheiten hervortreten.

Manches kann man mehr ahnen als sehen. Ein merkwürdiges Sammelsurium lässt sich erkennen. Ein Mann in schäbigem Anzug. Sein Gesicht ist halb verdeckt von einer Schafskopfmaske. Hinter ihm, gekrümmt am Boden kaum sichtbar, eine weitere Gestalt. Neben ihr ein Beinstumpf, aus dem oben eine verkorkte Flasche ragt. Der Vorrat des Alkoholikers, der zu verbergen versucht, was doch irgendwann ans Licht der Öffentlichkeit gelangt?

An die Wand gelehnt ein Flügelpaar. Symbol des Ikarus, der im Flug der Sonne zu nah kam und abstürzte? Hinter dem Mann, kaum erkennbar, ein kopfloser Frauenkörper. Eine Eisenspirale schlingt sich von dort zur großen Kugel mit Zündschnur. Mitten im Raum liegt eine Bombe. Auf dem Boden lauter Müll, dazwischen drei Würfel – der letzte Wurf eines Spielers, der das große Glück versucht? Zwei, drei und vier – kein großer Wurf.

An der langen Wand lehnen Bilderrahmen. Auf dem einen ist ein Vollmond über düsterer Landschaft zu sehen. Vorne rechts eine fast leere Kommode. Nur eine kleine Perle liegt im obersten Regal. Auf der Kommode lagern die Reste einer Zeus-Statue – Trümmer der Antike, Sinnbild einer zerbrochenen Gedankenwelt. Der Blick des höchsten griechischen Gottes geht ins Leere. Der Arm weist in die der offenen Tür entgegengesetzte Richtung. Unter der Kommode eine Hand. Sie umklammert eine Spritze. Letzter Ausweg Goldener Schuss?

Nur raus hier! Raus ans Licht und in die Wärme! Wie verheißungsvoll leuchtet das wenige Blau herein! Nichts, gar nichts, nicht einmal Kleidung nimmt der Flüchtende mit. Was hat ihn in der Kammer gehalten? Was hat ihn gehalten in diesem Gefängnis aus Isolation und falschem Leben? War es Blindheit? Hat er resigniert? Wollte er sich selber strafen, sich selbst zerstören?

Manchmal sieht es in uns drinnen so aus, wie in dieser Kammer. Düster, dunkel und kalt sind Herz und Seele. Angst, Neid oder Hass haben uns im Griff. Manchmal könnten wir explodieren vor Wut, manchmal können wir uns selbst kaum leiden. Wir schämen uns der Masken, die wir tragen, schämen uns unserer heimlichen Leidenschaften und Süchte. Wir zweifeln und verzweifeln an allem. Und richten uns doch ein in diesem dunklen Zimmer, halten das Leben darin für normal. Können nicht glauben, können nicht hoffen, dass es auch ein Draußen gibt.

Bis es anfängt zu brennen. Bis du wie im Schein eines Feuers klarer siehst, wie es in dir und mit dir aussieht. Wer öffnet die Tür? Eine Klinke ist nicht zu sehen. Der Schlüssel steckt außen. War die Tür abgeschlossen? War sie überhaupt zu sehen? Oder konntest du, wolltest du nur nicht sehen, dass sie da ist, vielleicht sogar offensteht?

Manchmal fällt es dir wie Schuppen von den Augen. Manchmal offenbart sich dir dein Leben. Du hörst einen Satz, ein Wort, das dich trifft. Ein Wort wie Feuer.

Nackt, ganz ungeschützt geht der Mann durch die Tür. Er kann jetzt sein Gesicht zeigen[27], braucht keine Maske mehr und keine Flasche. Seine Zerstörungswut lässt er zurück, seine Sucht, den ganzen Seelenmüll. Die Götterhand, die in die falsche Richtung weist, hat keinen Einfluss mehr. Der Schritt durch die Tür ist ein Vertrauenssprung. Nur der Himmel ist zu sehen, kein fester Boden. Und doch ist der Schritt durch diese Tür ein Sprung ins Leben.

27 Die Schafskopfmaske ist auch Bestandteil einer Skulptur von Mattheuer, die nach den Leipziger Montagsdemontrationen von „Mann mit Maske" in „Gesicht zeigen" umbenannt wurde. Die Skulptur ist unter anderem auf Mattheuers Grab auf dem Leipziger Südfriedhof zu sehen.

2. Blick nicht zurück und bleib nicht stehen!

Liebe Schülerinnen und Schüler, die ihr heute euren letzten Schultag habt!
Liebe Schulgemeinschaft!

Wo kommt ihr eigentlich her? Und wo wollt ihr nun hin? Zwischen diesen beiden Fragen steht ihr. Ich könnte auch sagen: Zwischen diesen beiden Stühlen sitzt ihr. Der eine Stuhl steht für eure Schulzeit, die ihr heute abschließt. Noch sitzt ihr zur Hälfte sozusagen auf einem Stuhl des [Name der Schule]. Aber wenn ihr nachher aufgestanden sein werdet, dann ist das nicht mehr der Stuhl, der euch zusteht. Sie sind schlicht und ergreifend keine Schülerin, kein Schüler dieser Schule mehr. Dass ihr den Schüler-Stuhl verlassen müsst, das ist sicher mit vielfältigen Gefühlen verbunden: Erleichterung, dass es endlich geschafft ist. So oder so. Vielleicht bist du froh über dein Ergebnis. Vielleicht bist du traurig, weil du nicht den Abschluss gemacht hast, den du eigentlich mal machen wolltest. Vielleicht ist euch wehmütig zumute, weil ihr jetzt Vertrautes verlassen müsst. Vorfreude auf die neue Freiheit – die habt ihr ganz bestimmt. Und Zorn? Auch dieses Gefühl mag den einen oder die andere bei manchem Blick ins Detail überkommen. Nie läuft alles nur schlecht. Also freut ihr euch vielleicht auch über all das, was dann doch gut gelaufen ist.

Über diesen einen Stuhl, auf dem ihr noch so halb sitzt, lässt sich einigermaßen etwas sagen. Was aber ist mit dem anderen, auf dem ihr ja auch schon halb sitzt? Und auf den ihr euch dann ab morgen ganz werdet draufsetzen müssen! Denn wie gesagt: Es gibt kein Zurück. Selbst wenn ihr wolltet: Ihr könnt am Montag nicht wie gewohnt [Name der Schule] aufsuchen. Es gibt keinen Stundenplan für euch, keine Lehrerin, kein Lehrer ist für euch eingeplant, keine Mitschüler und Mitschülerinnen sind da. Es gibt kein Zurück.

Für eure Situation gibt es eine Reihe von sprachlichen Bildern: Das Zwischen-den-Stühlen-Sitzen ist so eines. Ein anderes wäre das Bild von der Schwellensituation: Einen Bereich verlasst ihr – einen, den ihr gut kennt und dem ihr jetzt den Rücken kehren wollt und müsst. Einen anderen Bereich betretet ihr. Dieser andere Bereich ist Neuland. Ihr wisst noch nicht, wie es euch dort ergehen wird. Eure Situation an der Schwelle hat mich an eine Geschichte aus dem 1. Buch Mose in der Bibel erinnert (Gen 11,27-31). Vielleicht wurde sie geschrieben, um zu erklären, wie eine bestimmte bizarre Felsformation am Toten Meer entstanden ist, von der Josephus in seinem Buch „Jüdische Altertümer“ berichtet. Auch heute noch kann man solche Felsformationen am Toten Meer sehen. Sie bestehen aus Steinsalz. Wenn ihr euch noch dunkel an euren Chemie-Anfangsunterricht erinnert, dann fällt euch vielleicht ein, was Steinsalz ist: ein sehr hartes Gemisch aus Sand, aus Gestein und aus Salz. In Israel-Reiseführern ist fast immer eine dieser Felsformationen abgebildet und betitelt mit „Lots Frau“, womit wir bei der entsprechenden Geschichte wären.[28]

Auch Lots Frau hatte eine Schwellensituation zu bestehen. Sie musste den Ort, an dem sie lebte, verlassen. Eine Katastrophe, die totale Zerstörung dieses Ortes war abzusehen. Frau Lot hatte Glück gehabt, denn sie war gewarnt worden. So ganz freiwillig war ihr Abschied dennoch nicht. –

28 Die Geschichte von Lots Frau steht auch an mehreren Stellen im Koran (Suren 7:80–84, 11:77–83, 15:58–77, 26:160–175, 27:54–58, 29:28–35 und 54:33–39). Lots Frau spielt dort allerdings keine aktive Rolle; sie gehört „zu denen, die dem Verderben anheim fallen“.

Sie hatte gehört, dass die Zeit reif war, den Ort, an dem sie lebte, zu verlassen. Das heißt auch: Sie wusste, was sie verließ, aber sie wusste nicht, was kommen würde. Es gab kein Haus, keine Sicherheit, keinen geregelten Tagesablauf. Klar, dass sie (ebenso wie ihr Mann übrigens) an die Hand genommen werden musste. Sie erhielt nur drei Anweisungen für diesen Aufbruch ins Unbekannte: „Rette dich. Es geht um dein Leben. Blick dich nicht um und bleib nicht stehen!"

„Rette dich" – das heißt so viel wie: Wenn du bleibst, bist du verloren. Du musst gehen. Alles andere wäre verrückt. Auch ihr wäret ja tatsächlich ver-rückt, nicht an der richtigen Stelle, wenn ihr am Montag vor der Schultür stündet.

„Es geht um dein Leben" – das ist nun eine ziemlich dramatische Formulierung, aber ich denke, sie trifft. Es geht tatsächlich ums Leben: zunächst um das Leben von Frau Lot. Wenn sie bei dem bleibt, was sie kennt, verliert sie ihr Leben. Zum Leben gehören Trennungen und Abschiede unweigerlich dazu. Es gibt Zeiten, die sind gut gewesen. Doch sie zu verlängern, stimmt nicht mehr. Sie müssen verlassen werden, damit weiteres, neues Leben möglich wird. Auch eure Schulzeit ist so ein Lebensteil, von dem ihr Abschied nehmen müsst. Ihr müsst euch auf etwas Neues einlassen, damit euer Leben gelingt. Auch dann, wenn noch nicht klar ist, was dieses Neue sein wird. Von vielen von Ihnen weiß ich, dass ihr gut geplant habt. Ihr habt einen Ausbildungsplatz, oder ihr habt sogar eine Idee, was und wo ihr studieren wollt. Aber egal, wie präzise ihr geplant habt: Ein Stück weit wird euer Leben anders aussehen als eure Planung. Das, denke ich, ist sicher.

„Blick dich nicht um und bleib nicht stehen" – so lautet die letzte Anweisung. Warum sollte Frau Lot sich nicht umblicken? Warum solltet ihr nicht zurückblicken? Sagt man nicht, die Schulzeit sei die schönste Zeit? Ich bekam bei meinem Abitur zum Beispiel mit dem Zeugnis gleich auch ein Beitrittsformular zur „Vereinigung Ehemaliger" ausgehändigt. Der Blick zurück sollte da richtiggehend gepflegt werden. Von Treue gegenüber der Schule war die Rede, die uns Bildung ermöglicht und das Abitur zuerkannt hatte. Ich habe im Laufe der Jahre gemerkt, dass mich der Blick zurück nicht voranbringt. Es ist ganz nett, gewiss. Aber meine Schule von damals hat nichts mehr mit mir zu tun. Deshalb kann ich dem Spruch „Blick nicht zurück!" etwas abgewinnen. „Blick nicht zurück!" heißt nicht: Blick nie zurück. Denn das Leben wird vorwärts gelebt und rückwärts verstanden. Ohne Rückblicke geht's also nicht. Aber man soll nicht im Rückblick verharren. Denn es ist das Verharren im Rückblick, das lähmt. Es lähmt, weil du unbeweglich wirst. Auch deine Schulzeit wird dabei unbeweglich. Sie wird entweder glorifiziert, oder sie wird zum Beweis dessen, dass dein Genie schon immer verkannt worden ist.
In Wirklichkeit wirst du beides erfahren haben: Kränkendes und Enttäuschendes ebenso wie Gutes, Ermutigendes und Anspornendes. Die Erinnerungen an die Schulzeit beweglich zu halten, lohnt sich. Denn das Verharren im Rückblick hat auch Auswirkungen auf das, was du nicht siehst, wenn du zurückblickst: Du siehst nämlich nicht, was vor dir liegt. Du nimmst die Palette deiner Möglichkeiten nicht wahr, auch wenn es dem einen oder der anderen von euch so scheinen mag, als hätte man gar keine Palette von Möglichkeiten vor sich. Sicher ist aber: Wenn ihr nicht nach vorne seht, seht ihr auch nichts.

„Bleib nicht stehen", dies ist der Aufforderung „Blick nicht zurück" noch hinzugefügt. Das leuchtet ein. Wer im Rückblick verharrt, kann eben nicht anders als stehen bleiben. Denn rückwärts geht es sich nun einmal schlecht.

Hinzufügen würde ich den drei Anweisungen gerne noch ein „Lauf-nicht-einfach-anderen-hinterher". Anders als Frau Lot und ihre Familie seid ihr keine Familiengemeinschaft, sondern einzelne, ausgeprägte Persönlichkeiten. Du bist frei, deinen eigenen Weg zu gehen.

Wisst ihr, wie die Geschichte ausgeht? Oder ahnt ihr es? Frau Lot guckt nicht nach vorne. Sie bleibt stehen, guckt hinter sich, verharrt. Und sie zahlt den Preis für ihr Verharren. Im Bild gesprochen: Sie wird zur Salzsäule. Sie wird hart und unbeweglich, ihre gesamte Lebendigkeit hat sie verloren. Euch wünsche ich von Herzen, dass ihr bei der Gestaltung eurer Zukunft lebendig und beweglich bleibt. Dass euch das gelingt, darin bin ich ganz zuversichtlich!

Thema Tod und Vergänglichkeit

Nichts kann ganz verschwinden[29]

Liebe Schülerinnen und Schüler, liebe Trauergemeinde!

N.N. ist nicht mehr bei uns. Sie ist gestorben. Unerwartet und mitten in ihrem Leben, das doch noch gar nicht zu Ende gelebt war. N.N. war Christin, wie einige von uns es sind und wie ich es bin. Das sagt noch nichts darüber, was sie geglaubt oder nicht geglaubt hat. Aber wir können dieses Christliche als eine Tradition begreifen, in die ich mich nun hineinstelle, um ihren Tod zu begreifen und uns allen etwas Tröstliches zu sagen.

Als der englische König Edward VII. im Jahr 1910 starb, gab es eine Trauerfeier in der Saint Paul's Cathedral in London. Der Domherr und Priester Scott Holland hielt eine Ansprache für den toten König. Auch wenn N.N. keine Königin war – Scott Holland hat etwas gesagt, was auch für N.N. gelten kann:

Tod bedeutet gar nichts.
Ich bin nur nach nebenan verschwunden.
Ich bin ich und du bist du.
Was immer wir füreinander waren, das sind wir noch.
Nenne mich bei dem alten vertrauten Namen.
Sprich von mir, wie du es immer getan hast.
Ändere nicht deinen Tonfall.
Zwinge dich nicht zu aufgesetzter Feierlichkeit oder Traurigkeit.
Lache weiterhin über die kleinen Scherze, an denen wir gemeinsam Spaß hatten.
Spiele, lächle, denke an mich, bete für mich.
Lass meinen Namen weiterhin so geläufig sein, wie er immer war.
Sprich ihn unbekümmert aus, ohne die Spur eines Schattens.
Das Leben bedeutet all das, was es bisher bedeutete.
Es ist genauso wie immer.

29 Wir verdanken die Vorlage für diese Ansprache und das Gebet Maren Kujawa, Pastorin der Evangelisch-lutherischen Landeskirche Hannovers im Kinder- und Jugendhospiz Löwenherz, Rotenburg/W. Der Text wurde von uns bearbeitet.

Es geht uneingeschränkt und ununterbrochen weiter.
Ist der Tod nicht nur ein unbedeutender Zwischenfall?
Warum sollte ich vergessen sein, nur weil du mich nicht mehr siehst?
Ich warte einstweilen auf dich, ganz in der Nähe, nur um die Ecke. Alles ist gut.[30]

Ich bin nur nach nebenan verschwunden. Ganz in der Nähe, nur um die Ecke, hinter der nächsten Tür. So nah ist jene Welt, wenn wir sterben, sagt der Priester Scott Holland, und knüpft dabei an biblische Bilder und Vorstellungen an. Zum Beispiel an Jesus, der vor seinem Sterben sagt: In meines Vaters Hause sind viele Wohnungen. Ich bin euch nur vorausgegangen, ich bereite euch einen Platz.

Wohnung bei Gott haben. Das ist ein Bild für die Nähe zu Gott. Und auch wenn wir N.N. nicht mehr sehen, anfassen, hören können, wenn sie nicht mehr lächelt oder nervt, nicht mehr herumalbert oder plötzlich ernsthaft diskutiert, so ist sie doch da. Denn nichts, was ist auf dieser Welt, kann ganz verschwinden. Es kann sich nur verwandeln, wie alles im Leben und im Tod und im ganzen Universum. Wir selbst spüren die Verbindung von dieser Welt und jener Welt manchmal in besonderen Momenten im Leben; bei Geburt oder Tod, in der Trauer und in der Liebe. Wo wir diese Verbindung spüren, ist keine Mauer mehr, sondern eine Tür.

In vielen Religionen ist das Gebet so eine Tür, die die Welten verbindet. Deswegen schließe ich mit einem Gebet.

Gott, du Ewiger, du Hoffnung, Licht und Hilfe, in dir sind wir geborgen im Leben und im Sterben.

Wir danken dir für das Leben von N.N., für ihr ganz besonderes Dasein,
für alles, was sie ausmacht;
ihre Freude an Musik, an Spiel und Spaß und Liebe
und das, was uns durch sie eröffnet und geschenkt wurde.
Leite und begleite sie in ihrer Verwandlung.

Sei bei allen, die um N.N. trauern,
besonders bei ihrer Mutter, ihrem Vater und ihrer Schwester.
Beschütze ihre Familie mit deiner heiligen Kraft,
tröste sie in ihrer Trauer mit deiner heilenden Gegenwart.
Stelle ihnen Menschen an die Seite, die ihnen beistehen und sie trösten.

Sei auch mit uns an der Grenze,
wo Leben und Tod sich berühren.
Hilf uns in unserer Angst,
in unserer Ohnmacht,
in unserer Trauer.
Sei bei uns. Amen.

30 Originaltext und Übersetzung: https://de.wikipedia.org/wiki/Henry_Scott_Holland#cite_ref-Death2_5-0; vollständiger Text der Predigt: https://en.wikisource.org/wiki/The_King_of_Terrors [Zugriff: 19.04.2021].

Thema Dankbarkeit

Liebe Schulgemeinschaft!

Manchmal kommt ein Brief zurück mit einem Aufkleber: Empfänger unbekannt. Und weil die internationale Postsprache Französisch ist, steht dann auch noch drauf: Retour à l'expéditeur. Zurück an den Absender. Genau so hat Hans Magnus Enzensberger ein Gedicht genannt. [Vortragen des Gedichtes, siehe Seite 41]

Ein Gedicht, das einem Gebet ähnelt. Auch wenn es eine etwas merkwürdige Zusammenstellung ist. Banales wie ganz Wesentliches, Alltägliches und Lebenswichtiges wird hintereinander aufgezählt. Fast klingt es ein wenig beliebig. Mit Ironie wird der Dank hervorgehoben, dass das Feuerzeug nicht ausgeht. Der Dank für den Schlaf wirkt, als ob hier eine besonders empfindliche Stelle ist. Der Dank für das, was zwischen Anfang und Ende ist, wird mit einem beiläufigen „damit ich es nicht vergesse" eingeschoben. Und zum Schluss fügt der Dichter den Dank für die Wühlmäuse an. Einen Dank für etwas, das dem Gärtner das Leben schwer macht. Der Dichter weiß: Dank verdient nicht nur, was uns unmittelbar nützt, auch andere Teile der Schöpfung verdienen unseren Dank.

Wir kommen nicht mit Dankbarkeit auf die Welt, sie ist uns nicht in die Wiege gelegt. Dankbarkeit ist kein „natürliches" Gefühl. Dankbarkeit lernt man, und man übt sie ein. Dankbarkeit hat etwas mit einer ganz bestimmten Sicht auf die Welt, auf die Menschen um mich herum zu tun. Dankbarkeit ist eine Haltung. Vor allem aber braucht der Dank ein Gegenüber. Ich kann nicht in den luftleeren Raum hinein danken.

Empfänger unbekannt – Retour à l'expéditeur. Was ist, wenn uns das Gegenüber abhanden kommt? Wenn da keiner ist, an den sich mein Dank richten könnte? Die Überschrift ist der Schlüssel zum Text. Empfänger unbekannt – zurück an den Absender. Der Absender will für sein Leben danken, aber weil das Gegenüber fehlt, wird ihm sein Dank zurückgeschickt.

Dem Ich in Enzensbergers Gedicht ist sein Gegenüber abhanden gekommen. Ich vermute, dass Enzensbergers Gedicht die Situation unzähliger Menschen heute trifft, die irgendwie mal eine Bindung an Gott hatten. In ihrer Kindheit, vielleicht noch in der Jugend. Geblieben sind Worte von früher, vage Erinnerungen. Geblieben ist die Ahnung, dass wir uns und die ganze Welt nicht uns selbst zu verdanken haben. Abhanden gekommen ist Gott als ein unmittelbares Gegenüber. Enzensbergers Gedicht ist wie eine Zeitansage, trifft ein verbreitetes Lebensgefühl: Erinnerungen an ein Gegenüber, das mal war. Ein Glaube, der verdunstet ist, bis auf Reste, ein diffuses Gefühl, dass man doch irgendwie dankbar sein muss fürs Leben und dass es doch wohl irgendwas außer uns geben mag.

Inständigen Dank, meinetwegen auch für die Wühlmäuse im Garten. Der letzte Satz in Enzensbergers Gedicht ist ein Hinweis auf die Not, in der der Mensch steckt: Wohin mit den Dingen, die uns das Leben schwer machen, es vielleicht sogar bedrohen? Wühlmäuse – okay, nicht schön, vor allem nicht für den Gärtner, aber noch zu ertragen. Aber soll ich danken für [aktuelles Beispiel], oder schlimmer noch [anderes Beispiel]. Soll ich für einen Tsunami danken? Und was ist mit den Staren, die den

Obstbauern die Bäume kahlfressen oder den Kartoffelkäfern? Noch schlimmer: Was ist mit dem Krebs, der einen lieben Menschen dahinrafft? Auch dafür Dank?

Vielleicht liegt darin die Not des Menschen, dass diese diffuse Dankbarkeit mit dem Etikett „Empfänger unbekannt" zurückkommt. Wenn Gott nur für das Gute in der Welt zuständig sein soll, wohin dann mit allem anderen?

Vor bald vierhundert Jahren hat der Pastor Martin Rinckart das Lied „Nun danket alle Gott" geschrieben. Ein gesungenes Tischgebet, verfasst mitten im Dreißigjährigen Krieg – in einer Zeit, in der es zur Klage weit mehr Anlass gab als zu Lob und Dank. Soldatische Grausamkeiten, Hungersnöte, Pestepidemien waren an der Tagesordnung. Mit seinen drei Strophen ist dieses Lied bald sehr populär geworden und später auch militärisch und nationalistisch vereinnahmt und umgedichtet worden. In vielen Festgottesdiensten ist es erklungen. Am 7. Oktober 1955 – vor [Zahl einsetzen] Jahren also – wurde es im Lager Friedland gesungen, als tausende Kriegsgefangene aus der Sowjetunion zurückkehrten. Man kann das heute noch auf YouTube sehen. Ein bewegender Moment! Wie wenig andere Lieder gibt es dem Gefühl Ausdruck, dass noch einmal alles gut geworden ist.

Der Text dieses Liedes ist inspiriert von zwei Versen einer fast unbekannten biblischen Schrift, dem Buch Jesus Sirach. In vielen Bibelausgaben kommt dieses Buch gar nicht vor. Dort heißt es:

„Nun danket alle Gott, der große Dinge tut an allen Enden, der uns von Mutterleib an lebendig erhält und uns alles Gute tut." (Sir 50,24 ff.)

Dahinter steht die Erfahrung, bewahrt worden zu sein. Was man profan ausdrücken kann mit „Schwein gehabt" oder „das Schicksal hat es gut mit mir gemeint" – das bekommt einen konkreten Adressaten: Gott. Ihm danken Menschen, dass sie noch am Leben sind. Das hat zu tun mit dem Wissen und der Erfahrung: Es hätte auch anders kommen können. Israel kannte Zeiten, in denen Gottes Gnade und Zuwendung verdunkelt war. Man kam sich von Gott verlassen vor. Das war kein Grund, von Gott Abstand zu nehmen – im Gegenteil: Die Klage über Gottes Abwesenheit und die Bitte um Zuwendung wurde dann umso größer. Und so verbindet sich der Dank mit einer Bitte: Er gebe uns ein fröhliches Herz und verleihe immerdar Frieden zu unsrer Zeit in Israel und dass seine Gnade stets bei uns bleibe und uns erlöse, solange wir leben.

Um das wirklich Lebensnotwendige geht es hier: ein fröhliches Herz, das nicht in sich selbst gefangen ist, sondern offen für die Welt und Menschen um einen herum. Um Frieden geht es, natürlich, hier bei uns, in der Nachbarschaft, in unserem Land, in der Welt. Und um Gottes Zuwendung geht es, dass er die Menschen spüren lässt, wie gut er es mit ihnen meint.
Vielleicht können wir es ja mit unserem Dank halten wie mit einer Flaschenpost: Wir schicken sie los, auch wenn wir noch nicht wissen, wo und bei wem sie ankommt. Wir sagen „Danke" für geglückte Klassengemeinschaften, „Danke" für die Teamleistung, die uns den Schulpreis beschert hat, „Danke" für das Engagement der Schülersprecherinnen und -sprecher, „Danke" für manch lebenswichtiges Wort, das hier eine zum anderen sagte. Danke für [Zahl] Jahre gemeinsames Lehren und Lernen.

2.5 Gebete

Gebete im multireligiösen Kontext sind heikel. Explizite Gottesanrede kann ausschließenden Charakter haben. Auf trinitarische Formulierungen sollte man erst recht verzichten. Andererseits ist ein Gebet ohne zumindest impliziten Transzendenzbezug nicht denkbar. Es geht also um eine sprachliche Gratwanderung, die den Beteiligten den Eintrag ihres je eigenen (Un-)Glaubens ermöglicht. Ob und wie in einer Schulfeier gebetet wird, muss situationsangepasst entschieden werden. Denkbar ist auch das stellvertretende Gebet durch Leitende der Feier. In jedem Fall bedarf ein Gebet einer kurzen orientierenden Einführung: Wer betet? Zu wem? Und die Einladung, innerlich mitzubeten, muss den Teilnehmenden ermöglichen, sich dazu selbstbestimmt zu verhalten. Bei allen folgenden Beispielen lassen sich die Gebetstexte auch auf mehrere Sprechende aufteilen. Das entlastet die Einzelnen und macht deutlich, dass hier eine Vielfalt von Menschen gemeinsam feiert.

Die Haltung beim Gebet wird in den meisten Fällen so sein, dass – anders als im Gottesdienst – der oder die Betende nicht Richtung Altar blickt, also mit dem Rest der „Gemeinde“ im Rücken auf ein gemeinsames Drittes, sondern dass er oder sie mit dem Gesicht zu den Teilnehmenden steht. Im Gebet werden aber nicht die Teilnehmenden angesprochen, sondern Gott. Aus diesem Grund sollte Blickkontakt vermieden werden (auch wenn im Internet viele Videoaufzeichnungen von Gottesdiensten existieren, bei denen Betende irritierenderweise in die Kamera schauen). Eine zur Gebetskommunikation passende Haltung ist die, bei der oder die Betende den Kopf gesenkt hält, also mit dem Bei-sich-Sein auch für die Teilnehmenden ein Vor-Bild dafür ist, dass hier keine Mensch-zu-Mensch-Kommunikation stattfindet, sondern eine Mensch-zu-Gott-Kommunikation. Die Hände können gefaltet oder zusammengelegt sein, sie können aber auch die Karte halten, auf der der Gebetstext steht. Am einfachsten ist es, wenn hierfür ein Lesepult zur Verfügung steht, auf dem der Gebetstext liegen kann, so dass die Hände auf das Pult genommen werden können. Der Gebetstext sollte nicht schnell abgelesen werden, sondern in Duktus und Tonfall so gestaltet sein, dass die Teilnehmenden, die dies möchten, gedanklich einstimmen können.

Einleitung zum Gebet in religiös heterogenen Kontexten

Wir möchten zu Beginn/zum Ende unserer Feier ein Gebet sprechen. Alle die, die unseren Glauben an den einen Gott teilen, Christen, Muslime, Gläubige und Zweifler können im Stillen mitbeten. Die anderen bitten wir um respektvolles Schweigen. Lasst uns alle dazu aufstehen.

Gebete zu Beginn der Feier

1. Gott,

wir bitten dich heute für alle, die zur Schule gehen,
Große und Kleine:
dass sie Freude am Lernen haben
und zu einer guten Gemeinschaft werden.

Wir bitten dich heute für die Lehrerinnen und Lehrer:
dass sie nicht müde werden, wenn es anstrengend ist.
Dass sie ihre Schülerinnen und Schüler achten können
und ihnen mit Respekt und Zuneigung begegnen.

Wir bitten dich heute für die Eltern:
dass sie keine Angst um ihre Kinder haben.
Dass sie voller Gelassenheit und Zuversicht sind.
Und viel Liebe haben für jeden Tag.
Amen.

2. Gott,

nun geht dieses Jahr zu Ende. Vor uns liegen die Weihnachtstage.

Viele freuen sich auf das schönste Fest im Jahr.
Andere haben Angst, dass es wieder Streit geben wird.
Manche wissen gar nicht, was sie feiern sollen.

So viele Wünsche und Erwartungen. Hoffentlich werden sie nicht enttäuscht.

Sei du mit uns,
öffne unsere Augen und Ohren für die Geschichte vom Kind in der Krippe.
Dass wir uns freuen können am Licht, das in die Welt gekommen ist.
Amen.

3. Gott,

Vater nennen wir dich und Mutter.
Allmächtiger bist du und die Ewige.
Begleiter durch die Zeiten und auf unserem Lebensweg.

Nun sind wir an einem besonderen Punkt unseres Lebens angekommen.
Unsere Schulzeit geht zu Ende.
Der Rhythmus unserer Tage wird sich ändern.

Wir werden neue Aufgaben lösen müssen.

Um Stärke bitten wir,
wo wir unsicher sind und noch nicht wissen, wie es weitergeht.

Um Ermutigung bitten wir,
wo wir Neues wagen.

Um deinen Segen in allem,
was nun vor uns liegt.

Amen.

4. Allmächtiger Gott,

manche Wege, die du mit uns gehst,
sind uns verborgen
und wir begreifen sie nicht.

Aber du kennst Trauer und Schmerz und Ratlosigkeit.
Darum bringen wir in dieser Stunde vor dich,
was uns bewegt.

Tröste uns,
damit wir die Wege weitergehen können,
die du uns führen willst.

Darum bitten wir dich.

Amen.

Gebete am Ende der Feier

1. Guter Gott,

morgen gibt es endlich Ferien. Und Zeugnisse.
Wir freuen uns mit denen, die glücklich sind über gute Zensuren.

Tröste die, die verzagt sind oder sich schämen
oder sich ungerecht beurteilt fühlen.
Schenk ihnen Vertrauen, dass sie von dir geliebte Menschen sind und bleiben.
Bewahre sie vor Spott und Strafe, nimm ihnen die Angst vor dem Heimweg.

Gott, wir danken dir für alles Schöne und Gute,
das wir im vergangenen Schuljahr erlebt haben:
Für engagierte Lehrerinnen und Lehrer,

für die Klassengemeinschaft, wo sie gewachsen ist.
Und wir bitten um Verzeihung,
wo wir aneinander böse gehandelt haben
und andere verletzt haben.

Gott, schenk uns Freude und Zuversicht
für die Ferien, die nun vor uns liegen.
Schenk eine gute Zeit auch denen,
die nicht wegfahren können oder arbeiten müssen oder krank sind.
Gib unseren Lehrerinnen und Lehrern Erholung,
dass sie neue Kräfte tanken können.
Und bewahre uns alle vor Unglück.
Damit wir am Ende der Ferien uns auf das neue Schuljahr freuen können.

So segne uns.
Amen.

2. Wir bitten Gott, den Allmächtigen,

er möge uns behilflich sein:
dass wir Weihnachten nicht wie Karneval feiern,
dass wir im Auge behalten, was dieses Fest für Christen bedeutet.
Dass wir Weihnachten nicht mit einem Musical plus Domführung
plus Reeperbahn plus Hafenrundfahrt plus Rhein in Flammen
verwechseln;
sondern dass wir das Stille und das Heilige
und die Liebe unter den Menschen
neu entdecken.
Möge Gott, der Allmächtige unseren Dank annehmen
für das gute Leben, das wir führen.
Möge Gott, der Allmächtige, unsere Bitten erhören
für mehr Gerechtigkeit und wahren Frieden.
Amen.[31]

3. Wir bitten Gott,

er möge uns durch dieses Schuljahr begleiten.

Er stärke unsere Schulgemeinschaft und helfe uns
einander zu achten und zu respektieren.

31 Gebet unter Aufnahme von Formulierungen von Hanns Dieter Hüsch: „Wir bitten Gott, den Allmächtigen". In: Das kleine Weihnachtsbuch. Düsseldorf: tvd-Verlag. 4. Auflage 1999.

Er schenke uns Freude am Lehren und Lernen,
er gebe uns Aufmerksamkeit und wo wir ihn brauchen,
einen langen Atem.

Bosheit und Rechthaberei halte er fern von uns.
Möge Gott uns vor Unglück bewahren und
uns vor Unfällen auf dem Schulweg schützen.
Amen.

4. Guter und allmächtiger Gott,

jetzt haben wir die Schule geschafft.
Wie gut. Vor uns liegen nun neue Herausforderungen.
Nimm uns die Angst, es nicht zu schaffen.
Schenk uns Zuversicht, dass wir den Anforderungen gewachsen sein werden.
Lass uns nicht verzweifeln, wenn manches nicht gleich klappt.
Hilf uns, auch eine abgelehnte Bewerbung zu ertragen.

Gott, wir danken dir für alle Menschen,
die uns in den letzten Jahren und in den Prüfungen
unterstützt und gefördert haben: unsere Eltern,
unsere Geschwister,
Lehrerinnen und Lehrer.
Ganz allein hätten wir das nicht bestanden.
Gott, wir bitten dich für alle,
die nächstes Jahr noch einmal antreten müssen,
dass sie mit Mut und Zuversicht ihre Chance nutzen
und am Ende auch Erfolg haben.
Gott, wir danken dir für alle Freundschaften,
die in unserer Schulzeit entstanden sind,
und bitten dich, dass wir sie bewahren können,
auch da, wo wir uns nicht mehr täglich begegnen.

In allem, was kommt, sei du mit uns und segne uns.
Amen.

5. Allmächtiger Gott,

alles, was uns jetzt bewegt und beschäftigt,
legen wir dir vor.
Ganz unterschiedliche Gedanken und Eindrücke stehen uns vor Augen.
Momentaufnahmen von [Name des/der Verstorbenen] aus den letzten Tagen.

Auch manches, das schon länger zurückliegt,
wird wieder lebendig.
Schmerz und Traurigkeit und manche Gefühle,
für die es vielleicht noch gar keine Worte gibt,
mischen sich miteinander.

Gott, es ist schwer, den Tod zu begreifen und für immer Abschied zu nehmen.
Darum bitten wir dich:
Tröste uns, stärke uns und begleite uns auf dem Weg der Trauer.
Jetzt und an allen Tagen, die noch kommen.

Amen.

2.6 Musik

Unsere Erfahrung ist: Jugendliche sind Fan-Gesänge gewohnt, auch Karaoke, nur selten können sie auf familiäre oder andere Kulturen gemeinsamen Singens zurückgreifen. Hinzu kommt, dass „Gemeindegesang“ etwas typisch Christliches ist. Juden und Muslime haben Gebetstexte, aber keine Liederbücher. Der Musikgeschmack, den die Lieder im Evangelischen Gesangbuch widerspiegeln, ist weit entfernt vom Musikgeschmack Jugendlicher - auch dann, wenn die in der christlichen Jugendarbeit aktiven sich im Kirchentagsliedgut und mit Taizé-Gesängen gut auskennen und diese gerne singen. Jüngere Schülerinnen und Schüler sind für das Singen eher zu gewinnen als ältere; insofern lohnt es sich im Grundschulbereich, etwas einzuüben, zumal, wenn dies im Klassenverband möglich ist.

In allen anderen Jahrgängen oder in Formaten, wo eine gesamte Schulgemeinschaft an der religiösen Feier teilnimmt, muss man gut prüfen, ob gemeinsames Singen möglich und sinnvoll ist. Bei instrumentaler Musik ist die Live-Darbietung in der Regel vorzuziehen. Ein Chor, der auch zur Unterstützung im Hintergrund eingesetzt werden kann, oder ein Schüler, der gut Klavier spielt, oder eine Kollegin, die Gitarre spielen kann, oder ein schulisches Instrumentalensemble schaffen eine dichtere und ansprechendere Atmosphäre als Musik „aus der Konserve“. Letztere wird gegebenenfalls gezielt als Impuls eingesetzt, vor allem da, wo sie anders nicht angemessen zu reproduzieren ist. Sie ist ansonsten aber immer nur eine Notlösung, wo auf Musikerinnen und Musiker nicht zurückgegriffen werden kann. Für die Livemusik ist es in der Regel sinnvoll, entsprechend versierte Menschen aus Schüler- und Lehrerschaft anzusprechen und für die Mitgestaltung zu gewinnen.

Die im Folgenden genannten Lieder sind solche, mit denen wir gute Erfahrungen gemacht haben. Sie sind mit Fundstellen versehen.

- EG = Evangelisches Gesangbuch. Ausgabe 1994. Die Ausgabe für die Evangelisch-Lutherischen Kirchen in Bayern und Thüringen enthält auch durchgängig Gitarrengriffe. Wo ein Lied nur in Regionalteilen zu finden ist, wird dies eigens vermerkt.
- fT = freiTöne-Liederbuch. Beiheft zum Evangelischen Gesangbuch der Evangelisch-lutherischen Landeskirche Hannovers 2019
- KG = Ebert, Andreas (Hrsg.) (2018): Das Kindergesangbuch, 13. Auflage. München: Claudius-Verlag
- Taizé = Communauté von Taizé (Hrsg.) (2020): Die Gesänge aus Taizé (Aktualisierte Neuausgabe). Freiburg: Herder-Verlag

Thema Gemeinschaft und Beziehung

„Wo Menschen sich vergessen" (fT 172)
Kindermutmachlied („Wenn einer sagt: ‚Ich mag dich, du'") (KG 150)
„Dona nobis pacem" (EG 435)

Thema Ungewissheit und Neubeginn

„Bless the lord my soul" (fT 195 | Taizé 5)
„There is a longing" / „Da wohnt ein Sehnen" (fT 25)
„Eines Tages" (fT 107)
„Vergiss es nie" (fT 61)[32]

Thema Tod und Vergänglichkeit

„Ubi caritas" (Taizé 15)
„Nada te turbe" (fT 44 | Taizé 50)
„Du kannst nicht tiefer fallen" (EG 533)
„Du bist da" (fT 91)

Thema Dankbarkeit

„Von allen Seiten umgibst du mich" (fT 128)
„Ich sing dir mein Lied" / „Cantai ao Senhor" (fT 72)
„Mercy is falling" (fT 76)

32 Das Lied ist auch abgedruckt im Schulbuch „Moment mal!" Bd. 1. Evangelische Religion Gymnasium. Stuttgart: Klett 2020, S. 18.

2.7 Abschiede (Segen)

Segenshandlungen sind explizit religiöse Handlungen. Sie können in religiös heterogenen Kontexten daher nur mit expliziten Einladungen zur Teilnahme und der Vergewisserung, dass Nichtteilnahme völlig in Ordnung ist, verbunden sein. Niemand sollte gegen seinen Willen gesegnet werden. Insofern verbietet sich hier die Segensgeste (geöffnete Arme) aus dem christlichen Gottesdienst – zumal, wenn sie sich an alle Anwesenden richtet.

Segen im jüdischen und christlichen Kontext

Segnen darf nach jüdischem wie christlichem Verständnis ein Mensch den oder die anderen. Das bedeutet, dass das Segnen nicht an ein religiöses Amt gebunden ist. Beide Religionen beziehen sich auf die vielfältigen Formen des Segnens in der Hebräischen Bibel/im Alten Testament. Der Aaronitische Segen aus dem biblischen 3. Buch Mose (Num 6,24-26) ist der Abschluss jedes evangelisch-lutherischen Sonntagsgottesdienstes:

> „Der HERR segne dich und behüte dich; der HERR lasse sein Angesicht leuchten über dir und sei dir gnädig; der HERR hebe sein Angesicht über dich und gebe dir Frieden." (Luther-Übersetzung 2017)[33]

Segen im islamischen Kontext

Der Islam kennt Gottes Segen, aber nicht das Segnen als „Anwünschung" von Mensch zu Mensch, das heißt als performativen Sprechakt. Genauso wie evangelische Eltern es als Überwältigung empfinden, wenn ihr Kind bei einem ökumenischen Schulanfangsgottesdienst plötzlich von der katholischen Diakonin lernt, sich zu bekreuzigen, werden es muslimische Eltern als Überwältigung empfinden, wenn ihr Kind bei einer „Religiösen Feier für alle" am Ende des Gottesdienstes von einer christlichen Person gesegnet wird. Burcu Yılmaz, Wissenschaftliche Mitarbeiterin am Zentrum für Islamische Theologie der Universität Münster, schreibt:

> „Im Islam hat kein Mensch die Befugnis, einen anderen Menschen zu segnen. Alle Menschen sind vor Gott gleich und unterscheiden sich höchstens durch ihre tugendhafte und fromme Lebensführung in ihrem Rang." (Yılmaz 2015, S. 80)

Wohl aber gebe es den Begriff der Fürbitte:

33 *Herr* steht für den im hebräischen Original geschriebenen Namen Gottes (JHWH), der von Juden niemals und von Christen in der Regel nicht ausgesprochen wird.

„Mit Fürbitte ist hier das islamische Dua gemeint. Ein Dua kann frei formuliert werden oder sich an einem bestimmten Muster orientieren. Wichtig ist in diesem Zusammenhang, dass ein Segen direkt von Gott für einen Menschen erbeten wird, ohne eine menschliche Instanz zwischen Gott und den einzelnen Menschen zu schalten. Jeder Mensch kann Gottes Segen erbitten für andere." (Ebd., S. 80)

Segen im säkularen Kontext

Für den ostdeutschen Kontext haben sich als Weg zwischen Jugendweihe und Konfirmation an konfessionellen Schulen sogenannte „Segensfeiern" oder „Feiern der Lebenswende" entwickelt, die in der Klassengemeinschaft gefeiert werden und ein sehr niedrigschwelliges religiöses Angebot darstellen. Es gibt keine liturgische Kleidung, die Vorbereitung liegt in den Händen eines Gemeindepädagogen zusammen mit der Klasse, es gibt keine Gebete und kein Bekenntnis, sondern die „Segensfeier erscheint als Inszenierung des Übergangs zwischen Kindheit und Jugend in kirchlicher Begleitung" (Weusten 2016, S. 32 f.). Wenn den Teilnehmenden klar ist, was ein Segen ist und was sie erwartet, ist der Zuspruch eines Segens (sogar mit Handauflegung) offenbar ein Angebot mit hoher Akzeptanz.

Segen als performativer Sprechakt

Wenn der Segen als „Anwünschung", das heißt als Zuspruch formuliert wird („Gott segne dich"), ist Segnen ein performativer Sprechakt. In die Beziehung zwischen Segnenden und Gesegneten spielt sich etwas „von außen" hinein. Dessen muss sich der oder die Segnende bewusst sein, auch wenn man einer Segenshandlung keine magische Wirkung unterstellen sollte. Für religiös heterogene Kontexte kann das zu einem Problem führen. Hinzu kommt ein Aspekt, den Karin Bederna für die Segnung Jugendlicher benennt:

„Für schulische Zusammenhänge ist zu beachten, dass die Jugendlichen erstens nicht wie Kinder nach körperlicher Nähe Erwachsener suchen und dass zweitens die Lehrer-Schüler-Beziehung, egal wie gelungen sie sein mag, aus institutionellen Gründen auch machtförmig ist, was nicht durch einen Segen verdoppelt werden sollte."

(Bederna 2015)

Segen als Bitte

Segen kann aber auch als Bitte formuliert sein, die stellvertretend gesprochen wird. In vielen evangelisch-reformierten Gemeinden wird der Aaronitische Segen am Ende des Gottesdienstes in Form einer Bitte gesprochen, um dem Missverständnis eines magischen Verständnisses grundsätzlich aus dem Weg zu gehen: „HERR, segne und behüte uns! HERR, lass leuchten dein Angesicht über uns und sei uns gnädig. HERR, erhebe dein Angesicht auf uns und gib uns Frieden." Die Bitte um den Segen verändert den performativen Sprechakt formal zu einem Gebet und ist insofern für religiös heterogene Kontexte besser geeignet. Insbesondere ist eine Bitte um den Segen auch anschlussfähig an die muslimische Gebetspraxis.

Abschluss und Abschied

Unabhängig von der Frage des Segnens braucht jede Feier einen klaren Abschluss, einen Abschied voneinander. Der Abschied ist das Gegenstück zur Eröffnung und insofern Aufgabe des Leiters oder der Leiterin der Feier. Das zu diesem Punkt für die Eröffnung Gesagte (siehe oben Seite 26 f.) gilt auch für den Abschluss. Der Dank für die Mitwirkenden hat hier seinen Platz, ebenso gute Wünsche für den Rest des Tages oder Abends. Die Abschiedsworte sollten bei einer „Religiösen Feier für alle" nach dem Segen gesprochen werden, weil der Abschied allen Beteiligten und Teilnehmenden gilt.

Religiöse Feier am Vorabend der Schulentlassung

Ein Segen kann unterschiedlich gesprochen und aufgenommen werden, je nach individuellem Vorverständnis (siehe oben S. 63 ff.). Es scheint uns daher unabdinglich, einer Segensbitte einen kurzen erläuternden Vorspruch voranzustellen. Segen sollte vor allem um muslimischer Teilnehmerinnen und Teilnehmer willen als Bitte formuliert und auf eine Segensgebärde verzichtet werden.

1. (Vorab-Erläuterung:) Es ist ein sehr alter und guter Brauch, Menschen an den Übergängen des Lebens – so wie heute – Gutes zu wünschen. Juden, Christen und Muslime stellen diese guten Wünsche in einen weiten Horizont. Wenn sie von Segen sprechen, verbinden sie die Wünsche mit Gottes Wirken zum Guten. Ein Segen ist kein Zauberspruch, nichts Magisches. Er drückt aus, dass nicht alles in unserer Hand liegt und dass in allem, was uns geschieht, Gott es gut mit uns meinen möge. Jede und jeder mag für sich entscheiden, ob sie oder er den Segenswunsch annehmen möchte oder nicht.

Gott zeige euch den roten Faden durch das Labyrinth des Lebens!

Gott gebe euch den Instinkt für gute Freundschaften!
Gott lasse euch Rosen mit Dornen sein, die schön sind,
aber sich zu wehren wissen!

Gott lasse euch Bäume sein, die aus den Wurzeln Kraft ziehen
und allen Winden trotzen!

Gott lasse euch Adler sein, die aus den Schwierigkeiten des Alltags
zu den Höhen des Glücks aufsteigen!

Gott segne euch alle! Amen.

(Aus: https://www.hanna-strack.de/segen-fur-meine-klasse)

2. Ich wünsche dir nicht den Himmel auf Erden –
aber einen Freund, der dich ganz versteht.

Ich wünsche dir nicht die große Karriere –
nur den guten Weg, den du gehen kannst.

Ich wünsche dir nicht, dass du hart wirst und kalt –
doch die Kraft zum Protest, wenn Unrecht geschieht.

Ich wünsche dir nicht allen Reichtum der Welt –
doch ganz viel von dem, was man Hoffnung nennt.

Ich wünsche dir nicht Erfolg, der dich stolz macht –
aber die Liebe, die dich verwandeln kann.

(Aus: www.evangelisch.de/taufbegleiter/132214/texte-zur-taufe)

Zum Schluss noch ein Dank an alle, die diese Feier vorbereitet und gestaltet haben. An die im Hintergrund, die für Ton und Technik gesorgt haben. Danke an die [Name der Kirchengemeinde oder andere Institution], die uns diesen Raum zur Verfügung gestellt hat und an alle anderen, die uns unterstützt haben. Danke insbesondere für/an ... [hier können ggf. Namen genannt werden, wobei darauf zu achten ist, dass dann niemand vergessen wird]. Es war schön, auf diese Weise hier zusammenzukommen. Wir sehen uns morgen zur Entlassung (und zum Abiball). Bis dahin alles Gute und kommt gut nach Hause.

Religiöse Feier nach den Sommerferien (Grundschuljahrgänge)

Die Schülerinnen und Schüler werden gebeten, klassenweise mit ihrer Lehrerin oder ihrem Lehrer nach vorn zu kommen. Der Lehrer oder die Lehrerin bekommt eine Kerze überreicht.

Wir bitten Gott, dass über uns und unserer Klasse sein Segen liege.

Wir bitten Gott, dass er uns fröhliche Stunden und eine gute Gemeinschaft gebe.

Wir bitten Gott, dass er uns Freude am Lernen und Ausdauer gebe. Und Unglück fernhalte.

Wir bitten Gott, dass er uns auf dem Schulweg behüte und uns durch dieses Schuljahr begleite.

Religiöse Feier vor den Weihnachtsferien

Vor uns liegen nun die Weihnachtstage.

Wie immer wir sie feiern und mit wem: sie mögen gesegnet sein.

Darum bitten wir, dass unsere Seelen zur Ruhe kommen und Friede in den Familien sei.

Freude möge die Herzen der Kinder erfüllen und Glanz in den Augen der Großen sein.

Wir bitten, dass diese Zeit und unser Übergang ins neue Jahr gesegnet seien,

so dass wir einander wohlbehalten wiedersehen.

Religiöse Feier bei einem Trauerfall

Gott der Allmächtige sei mit uns, wenn wir nun auseinandergehen.

Dass wir das Andenken an [Name] bewahren und uns seiner/ihrer Freundschaft erinnern.

Gott sei mit uns, wo wir zweifeln und alles uns nur finster scheint.

Gott stärke unser Vertrauen in das Leben und in seine Liebe.

Dass wir aufeinander achtgeben und aneinander trösten, so gut wir können.

So segne uns Gott und sei mit uns.

3 Ausgearbeitete „Religiöse Feiern für alle“

Religiöse Feier zur Einschulung

Die Kinder erhalten ein Blatt (DIN A5) mit einem stilisierten Engel. Mithilfe der Figur des Engels kann für religiös unterschiedlich „gefärbte“ Menschen ein Transzendenzbezug hergestellt werden und die zumeist ambivalenten Gefühle, die sich für Schülerinnen und Schüler wie Eltern und andere Angehörige mit der Einschulung verbinden, sollen aufgenommen werden.
Die Leitung der Feier sollte wenn möglich nicht von der Schulleiterin bzw. vom Schulleiter übernommen werden, da sie oder er bei der folgenden Einschulung eine andere Rolle hat. Gefragt ist hier jemand, der oder die eine erfahrungsgemäß sehr aufgeregte und unruhige Versammlung zu einer gewissen Ruhe und Aufmerksamkeit bringen kann und zugleich das notwendige Gespür für den besonderen Charakter der Feier hat.
Zur Musik: Es bietet sich an, im vorausgehenden Schuljahr einen kleinen Chor zu bilden, der die Feiernden gesanglich unterstützt. Das Bewegungslied kann zum Beispiel von einer Musiklehrkraft angeleitet werden.
Zum Raum: Die Feier kann aus pragmatischen Gründen in der Schule stattfinden. Wenn Beginn und Ende der Feier nicht durch Raumwechsel markiert werden können, müssen wahrnehmbare Zeichen den Rahmen setzen. So kann am Anfang eine Kerze entzündet und am Ende gelöscht werden. Dies kann durch eine Klangschale, einen Gong (nicht der Schulgong) oder ein ähnliches Instrument unterstützt werden. Sofern geeignete Saalbeleuchtung vorhanden ist, kann der Wechsel auch durch helleres Licht markiert werden.

Musik

Ensemble oder Chor oder Engels-Rap (KG 117)

Eröffnung

Heute ist es soweit. Was für ein Tag! Wir möchten diesen Tag mit einer Feier beginnen. Weil es ein besonderer Tag ist. Ihr seid nun Schulkinder. Habt euch hoffentlich auf diesen Tag gefreut. Vielleicht ist euch auch etwas bange, weil alles so neu ist. Und jedes einzelne Kind von euch fragt sich: Was wird dieser Tag mir bringen? Wir, eure Lehrerinnen und Lehrer und eure Mitschülerinnen und Mitschüler, wünschen euch, dass es für euch ein fröhlicher, schöner Tag wird und die Schule euch Spaß machen wird. Geht behütet euren Weg!

Musik

Wenn ich in die Schule geh

Text: Fritz Baltruweit/Silvia Mustert
Musik: Fritz Baltruweit

Liedtext		**Bewegungen**
Wenn ich in die Schule geh,	→	Die Hände machen eine „Gehbewegung"
geh du mit mir mit;	→	Finger auf „du" zeigen und dann auf „mich"
halte deine Hand über mir,	→	Beide Hände machen ein „Dach" über dem Kopf
leite meinen Schritt.	→	Offene Hände nach oben

Ansprache

Kennt ihr das: Ihr müsst an einem Haus vorbeigehen. Und ihr wisst, da ist ein großer Hund. Der sieht ziemlich wild aus und kann auch ziemlich gefährlich bellen. Da ist zwar ein Zaun ums Haus herum. Aber Angst hast du trotzdem. Bei mir jedenfalls war das so, als ich so alt war wie ihr – und ein bisschen ist es heute noch so. Ja, und nun musst du da vorbei. Gut, wenn du dann nicht allein bist – wenn ein Freund oder eine Freundin sagt, keine Angst, ich geh mit, ich kenn den, der tut nichts. Gut, wenn dann einer mit dir geht.

Oder: Du bist schon mal hingefallen. Hast dir das Knie aufgeschlagen und es hat doll weh getan. Gut, wenn du dann nicht allein bist. Wenn einer kommt, auf die Wunde pustet, dich am Arm hält und stützt, bis es wieder besser geht. Gut, wenn einer mit dir geht.

Oder dir geht etwas kaputt. Gut, wenn dich dann jemand tröstet.

Manche sagen, wenn einer hilft, wenn eine tröstet, wenn einer zu einem hält: Du bist ein Engel. Und das stimmt auch irgendwie. Viele denken aber, Engel müssten weiße Gewänder tragen und Flügel haben. Muss nicht sein. Und meistens können wir Engel auch gar nicht sehen. Die schlüpfen in Menschen rein. So von hinten. Zack, ist er drin, der Engel. Und dann sieht er wie ein normaler Mensch aus. Das kann jedem passieren. Und dann denkst du, das ist mein Freund oder meine Freundin, die mir hilft, aber sie ist es nicht allein. Gleichzeitig ist sie ein Engel.

Woher ich das weiß? Hab' ich schon erlebt. Als ich mal mit meinem Motorrad liegen geblieben bin. Weit und breit kein Dorf in der Nähe. Da kam ein anderer mit dem Motorrad vorbei und hat gefragt, was los ist. Und dann hat er erst seine Frau nach Haus gebracht, und dann mich abgeholt und mein Gepäck und mich zu einem Zeltplatz gebracht. Und am nächsten Tag kam er wieder und hat mir geholfen, mein Motorrad zu verladen und zur Werkstatt zu bringen. Tja, das war ein Engel, der sah nur eben aus wie ein Motorradfahrer. [Hier kann alternativ auch ein anderes Beispiel erzählt werden.]

Und damit ihr euch daran erinnert, könnt ihr zu Hause mit euren neuen Stiften den Engel auf dem Blatt anmalen und ihn ausschneiden und als Lesezeichen in ein Buch oder Heft legen. Und wenn ihr jetzt Schulkinder werdet, dann haltet Augen und Ohren offen – damit ihr den Engel nicht verpasst, den es für euch gibt. Achtet darauf.

Musik

Lied: Das wünsch' ich sehr (Kanon) (EG 608 im Regionalteil Niedersachsen/Bremen)

Abschied (mit Segen)

Mit einem Segen geht der erste Teil unserer Feier zu Ende. Ein Segen, das ist so etwas wie ein Paket gute Wünsche. Die gebe ich euch nun mit auf den Weg:

Keinen Tag soll es geben, an dem ihr sagen müsst:
Niemand ist da, der uns zuhört.

Keinen Tag soll es geben, an dem ihr sagen müsst:
Niemand ist da, der uns schützt.

Keinen Tag soll es geben, an dem ihr sagen müsst:
Niemand ist da, der uns hilft.

Keinen Tag soll es geben, an dem ihr sagen müsst:
Niemand ist da, der uns leitet und begleitet auf allen unseren Wegen – Tag und Nacht.

Bleibt gut behütet und beschützt.[34]

Ich möchte noch allen danken, die viel Liebe und Mühe in die Vorbereitung dieses ersten Teils gesteckt haben (besonders ...); ich danke unseren Musikern [...]. Jetzt wird uns Frau/Herr N.N., unsere

34 Formuliert unter Aufnahme von Formulierungen von Uwe Seidel aus: Mein Liederbuch, Bd. 1 (1981) und Bd. 2 (1992). Düsseldorf: tvd-Verlag.

Schulleiterin/unser Schulleiter, begrüßen. Und Sie und ihr bekommt alle Infos, die nötig sind, bevor ihr dann in eure Klassen geht.

Politisches Mittagsgebet zum 9. November

Die Form dieser Kurz-Feier geht auf die inhaltliche Beschäftigung mit der Theologie Dorothee Sölles zurück.[35] *Sie hatte 1971 ein Buch mit dem Titel „Politische Theologie" veröffentlicht. Für Sölle standen die auch heute noch aktuellen Fragen im Vordergrund: In welchem Verhältnis müssen Glaubenspraxis und politisches Engagement stehen? Dürfen Christen Gott danken und loben und dabei brennende politische Gegenwartsfragen außen vor lassen? Wie lassen sich Meditation und Aktion zusammenbringen?*

Das hier vorgestellte Politische Mittagsgebet lehnt sich formal an das Politische Nachtgebet in Köln[36] *an. Es heißt „Mittagsgebet", weil sich ein Nachtgebet schulisch nicht durchführen lässt und es dementsprechend in einer Mittagspause in dieser Form erprobt wurde. Die Vorbereitung (Struktur finden, Texte schreiben, Texte verbessern, Bibelstellen suchen, Rollen verteilen, Lesungen üben, Probedurchlauf, Einladungen an andere Schülerinnen und Schüler organisieren) fand im Unterricht statt. Als Raum stand leider kein Raum der Stille zur Verfügung, sondern nur ein Unterrichtsraum mit einer großen Freifläche. Die Veranstaltung fand im Stehen in Kreisform statt. Die Dauer betrug 15 Minuten. Die verwendeten Namen für die Schülerinnen und Schüler sind ausgedacht.*

Eröffnung

(Musik, Kerze anzünden, Gong)

Begrüßung

Anton: Wir begrüßen euch zum politischen Mittagsgebet des Religionskurses 12. Wir führen diese Zusammenkunft in Anlehnung an die Politischen Nachtgebete durch, die in den 1970er-Jahren in Köln stattgefunden haben.

Information

Ben: Wir wollen an zwei bedeutende Ereignisse erinnern, die beide im Abstand von 51 Jahren am 9. November stattgefunden haben.

Claas: 1938 wurden in der Nacht vom 9. auf den 10. November über 1.400 Synagogen und jüdische Geschäfte zerstört.
Am darauffolgenden Tag wurden ca. 30.000 Juden inhaftiert und in Konzentrationslager verschleppt. Diese Reichspogromnacht diente der Kriegsfinanzierung des Regimes, denn die konfiszierten jüdischen Besitztümer wurden verstaatlicht.
Der Krieg wurde bekanntlich verloren, was zur Aufteilung Deutschlands und zur Gründung der DDR führte.

35 Vgl. Husmann, Bärbel/Bertl, Sandra (2010): Christliche Ethik angesichts globaler Herausforderungen. Oberstufe. Stuttgart: Klett. Abschnitt 3.2 „Politische Theologie", S. 36–43.

36 Sölle hat in der Rückschau den Entstehungsprozess des Politischen Nachtgebets in Köln in ihren Erinnerungen beschrieben: Dorothee Sölle: Gegenwind. Erinnerungen. Hamburg: Hoffmann & Campe 1995.

David: 51 Jahre später: *(Pause)* Am 9. November 1989 verspricht sich der SED-Politiker Günter Schabowski auf einer Pressekonferenz zum neuen DDR-Reisegesetz. Er vergisst die Sperrfrist und sagt: „Dies gilt unverzüglich." Danach strömen Tausende DDR-Bürger an die Grenzübergangspunkte und bringen die Mauer zu Fall. Die Mauer, die jahrzehntelang Deutschland teilte, wird geöffnet. Ost und West werden vereint.

Konfrontation

Emilia: *3. Buch Mose Kapitel 19, Vers 18:*
Fazile: „Du sollst deinen Nächsten lieben wie dich selbst. Es ist kein anderes Gebot größer als dieses."

Emilia: *3. Buch Mose Kapitel 19, Vers 33:*
Guiliano: „Unterdrückt nicht die Fremden, die bei euch im Land leben, sondern behandelt sie genau wie euresgleichen. Jeder von euch soll seinen fremden Mitbürger lieben wie sich selbst. Denkt daran, dass auch ihr in Ägypten Fremde gewesen seid. Ich bin der Herr, euer Gott."

Emilia: *Brief des Paulus an die Römer Kapitel 2, Vers 10:*
Hanna: „Herrlichkeit aber und Ehre und Frieden allen denen, die Gutes tun, zuerst den Juden und ebenso den Griechen."

Emilia: *Buch der Sprüche Kapitel 12, Vers 20:*
Ida: „Die Böses planen, haben Trug im Herzen; aber die zum Frieden raten, haben Freude."

Emilia: *Brief des Paulus an die Römer Kapitel 12, Verse 17 und 18:*
Julie: „Vergeltet niemandem Böses mit Bösem. Seid auf Gutes bedacht gegenüber jedermann. Ist's möglich, so viel an euch liegt, so habt mit allen Menschen Frieden."

Stille (Meditation)

Konrad: Wir gedenken nun aller Opfer des Rassenwahns, indem wir gemeinsam eine Minute lang schweigen. *(Louisa nutzt die Stoppuhr-Funktion ihres Mobil-Telefons.)*

Gebet

Louisa: Wir gehen davon aus, dass ihr alle freiwillig hergekommen seid und deshalb jetzt mitbeten werdet. Wenn ihr das nicht wollt, ist das auch in Ordnung. Wir werden immer einen Teil vorlesen, den ihr dann nachsprecht. Lasst uns beten.

Milan: Herr, unser Gott im Himmel!
Wir bitten dich für alle,
die damals von den Angriffen auf Leib und Leben betroffen waren,
lass sie in Frieden und ohne schlimme Träume ihren Lebensabend beschließen.

Nick: Wir bitten dich für alle,
die heute antisemitischer Hetze entgegentreten,
beschütze sie und gib ihnen Kraft.

Oskar: Herr, unser Gott im Himmel!

Wir bitten dich um deinen Segen für alle Menschen,
die Auseinandersetzungen gewaltfrei führen.
Und für Frieden auf Erden.

Paul: Wir sprechen gemeinsam:
Vater unser im Himmel,
geheiligt werde dein Name,
dein Reich komme,
dein Wille geschehe
wie im Himmel so auf Erden.

Ronja: Unser tägliches Brot gib uns heute
und vergib uns unsere Schuld
wie auch wir vergeben unsern Schuldigern.

Samira: Und führe uns nicht in Versuchung,
sondern erlöse uns von dem Bösen,
denn dein ist das Reich
und die Kraft
und die Herrlichkeit in Ewigkeit.
Amen.

Aktion

Thea: Der 9. November [Jahr] ist der [Zahl] Jahrestag der Reichspogromnacht. Im Gedenken an all die Opfer, die in Folge der Schoa und des Rassenwahns ermordet wurden, möchten wir die Aktion, die von diesem Politischen Mittagsgebet ausgeht, auch diesem Anlass widmen. Wir haben uns daher für eine Spendenaktion entschieden, die heute startet und bis Freitag andauert. Die gesammelten Spenden kommen dem „Freundeskreis KZ-Gedenkstätte Neuengamme e.V." zugute. Diese Organisation steht in direkter Zusammenarbeit mit der KZ-Gedenkstätte Neuengamme, mit der unsere Schule ja eine Kooperation hat, und kümmert sich um humanitäre Hilfe für die ehemaligen Häftlinge. Des Weiteren werden aktuelle Veranstaltungen unterstützt und die Suche nach bisher noch unbekannten Opfern vorangetrieben.

Wir möchten euch daher alle um eine kleine Spende bitten, um diese Arbeit zu fördern.

Danke für eure Teilnahme und habt noch eine schöne Mittagspause!

Religiöse Feier vor den Weihnachtsferien

Weihnachten ist weit hinaus über den Kreis der kirchlich Gebundenen in unserer Kultur verankert. Dabei ist es für viele Menschen abgelöst von der Einbindung in christliche Vollzüge. Weihnachten kann man feiern, auch ohne zur Kirche zu gehören, auch „Abständige" besuchen Weihnachtsgottesdienste gern; Weihnachtsbäume, Geschenke, Weihnachtslieder finden sich auch in konfessionslosen

Familien, ja auch bei Menschen nichtchristlicher religiöser Herkunft. In der Geburtsgeschichte und der Hirtenerzählung spiegeln sich archetypische Sehnsüchte nach Frieden und Heil-Sein, die für viele im Rest des Jahres kaum noch Sprache oder Ritus haben. Zugleich ist diese Erzählung fester Bestandteil unserer Kultur. Daher lässt sich von der Geburt Jesu auch im multireligiösen Kontext erzählen. Dass Jesus im christlichen Glauben Sohn Gottes und Messias ist, muss an dieser Stelle nicht expliziert werden.
Die Spielszene zur Geburt braucht wenig technischen Aufwand und nur sparsame Kostümierung. Eine Stellwand zur Markierung des Gasthauses reicht, ein Schaffell markiert den Ort der Hirten ... Wichtig ist vor allem, die Voraussetzungen für akustische Verständlichkeit zu schaffen. Sofern die räumlichen Gegebenheiten Stimmverstärkung erfordern (was zumeist der Fall sein dürfte), haben sich Ansteckmikrofone bzw. Headsets als außerordentlich hilfreich erwiesen und sind Hand- und Standmikrofonen deutlich überlegen. Das Spiel kann an die konkreten Gegebenheiten angepasst, die Zahl der Hirten und Engel kann variiert, der Text ergänzt werden. Als zusätzliche Rolle ist beispielsweise die Frau des Wirtes denkbar. Man kann auch die Zahl der Engel variieren. Uns scheint es sinnvoll, dass entweder eine Theater-AG oder eine Klasse sich des Spiels als Projekt annimmt.
Als Musik erklingen bekannte Weihnachtslieder; nach Möglichkeit sollte gesungen werden.
Der Abschnitt „Ansprache" ist vor allem für den Fall gedacht, dass auch ältere Schülerinnen und Schüler oder ein größerer Teil der Lehrerschaft oder ggf. Eltern dabei sind.

Eröffnung

Lehrerin: Herzlich willkommen zu unserer Feier vor den Weihnachtsferien. Warum feiern wir Weihnachten? Wir erinnern uns an eine Geschichte vor langer Zeit. Ein Kind wurde geboren. Und bis heute sagen Menschen: Dies ist ein ganz besonderes Kind.

Musik

Lehrerin: Zu Weihnachten gehören auch besondere Lieder. Darum singen/hören wir nun das Lied „Vom Himmel hoch, da komm ich her" (EG 24|KG 35).

Spielszene

Lehrerin: Das Kind, das damals geboren wurde, heißt Jesus. Ein Mann namens Lukas erzählt die Geschichte von seiner Geburt.

Erzähler: Vor ungefähr 2.000 Jahren herrschte in Rom ein Kaiser. Er hieß Augustus. Zu seinem großen Reich gehörte die Provinz Judäa. Ihre Hauptstadt war Jerusalem. Ganz in der Nähe lag das Dorf Bethlehem. Dorthin gehen Maria und Josef.
(Maria und Josef gehen langsam nach vorn.)

Josef: Ganz schön lang der Weg, und jetzt wird's auch noch dunkel! Ich bin müde!

Maria: Mach bloß nicht schlapp, Josef. Denk dran, ich bekomme ein Kind.

Josef: Hast ja recht. Hauptsache, wir finden endlich ein Gasthaus. *(zeigt nach vorn)* Da hinten ist Licht.
Beide gehen langsam ganz nach vorn zum Wirtshaus. (Stellwand, Schild Gasthof „Weißes Lamm")

Josef: Das sieht doch gut aus hier. *(klopft)* Hallo! – *(klopft)* Hallo! – Ist da wer?
Wirt *(kommt aus dem Hintergrund an die Tür)*: Was ist denn los? – Hier ist alles voll.

Josef: Wir brauchen dringend ein Zimmer, meine Frau ist schwanger und sie kann nicht mehr.

Maria: Klar kann ich noch. *(zeigt auf Josef)* Aber der hier fällt gleich um.

Wirt: Ist mir egal, ich hab' keinen Platz. Haut ab. *(geht ab)*

Josef *(zu Maria)*: Was soll das denn? Natürlich kann ich noch. Ich bin doch ein Mann!

Maria: Ja, ja, schon gut. Wenn der Wirt hört, dass ich schwanger bin, dann hat er doch gleich Angst, dass ich in seinem edlen Zimmer ein Kind bekomme.

Josef: Und nun?

Maria: Lass mich mal. *(klopft erneut an)* Hallo?

Wirt *(wieder zur Tür)*: Was ist denn los? – Hier ist alles voll. Geht weiter!

Maria: Hey, warten Sie! Alles voll? Echt?

Wirt: Wenn ich's sage.

Maria: Das glaub ich nicht. Das will ich mit eigenen Augen sehen. Ich hab' noch nie einen Wirt erlebt, der nicht irgendwo noch ein Plätzchen hatte. Oder soll etwa dein Nachbar vom Hotel „Schwarzes Schaf" unser Geld kriegen?

Wirt: Hmmm. *(Pause – er überlegt)* Okay, wartet.
(dreht sich um und ruft nach hinten) Sarah!!
(zu Maria) Sarah ist meine Frau. *(wieder nach hinten)* Sarah!!! – Komm mal her! – Hier braucht jemand deine Hilfe!
(wieder zu Maria) Na, das kriegen wir schon hin.
(zu Josef) Und du kannst mir helfen – ich hab' dahinten noch einen alten Stall. Den machen wir jetzt klar. *(Alle gehen ab.)*

Erzähler: Ihr könnt euch vielleicht denken, was da jetzt passiert im Stall. Gleichzeitig aber spielt sich vor den Toren von Bethlehem etwas ganz Erstaunliches ab. *(Um ein Feuer hocken Schafhirten.)*

Hirte Micha *(hockt am Feuer)*: Mann, ist das kalt. Ich erfriere!

Hirte Daniel *(liegt am Feuer)*: Dann kümmere dich ums Feuer. Es ist bald Mitternacht. Gib Ruhe, ich will schlafen.

Hirte Micha: Ich kann nicht schlafen.

Hirte Daniel: Was ist los?

Hirte Micha: Da liegt was in der Luft. Ich spüre es.

Hirte Daniel *(steht auf, schaut sich um)*: Du hast recht. Die Tiere sind unruhig.

Hirte Micha *(zeigt nach oben)*: Da! Ein Licht! Es kommt auf uns zu!

Hirte Daniel: Deckung!! *(beide gehen zu Boden, Hände über dem Kopf; ein oder mehrere Engel treten auf)*

Engel: Hey, Ihr beiden Angsthasen! Fürchtet euch nicht!

Beide Hirten *(stehen langsam auf, entdecken die Engel)*: Wie? Häh? Was?
(beide starren mit offenem Mund die Engel an)

Engel: Macht mal den Mund zu und die Ohren auf. Ich sage euch: Fürchtet euch nicht! Ich habe euch etwas Großes zu verkünden!

Hirte Micha: *(zu Daniel)* Ich versteh nur Bahnhof.

Hirte Daniel: Psst. Lass ihn doch ausreden.

Engel: Jesus ist geboren. Geht nach Bethlehem. Ihr werdet ein Kind finden. In Windeln gewickelt. Das ist das Zeichen.

Hirte Micha: Häh? Nach Bethlehem gehen? Und unsere Schafe? Wer passt auf die auf?

Hirte Daniel: Vergiss mal kurz die Schafe.

(Alle) Engel: Halleluja! Frieden auf Erden! Frieden allen Menschen! Halleluja!
(Engel gehen ab.)

Hirte Daniel: Worauf wartest du? Das lassen wir uns nicht entgehen!

Hirte Micha: Ich versteh nur Bahnhof.

Erzähler: Sie sind tatsächlich losgegangen, haben den Stall gefunden.

(Maria sitzt neben der Krippe, Josef und der Wirt stehen daneben.)
Maria: Josef, ich bin so froh, dass alles gut gegangen ist.

Josef: Oh Mann, das war knapp. *(zum Wirt)* Danke für die Unterkunft, wir hätten es nicht weiter geschafft.

Wirt: Schon gut, Mann. *(beugt sich zur Krippe)* Was für ein süßer Bengel. Ganz wie der Vater.

(Die Hirten kommen zur Krippe.)
Hirte Micha: Hier muss es sein. *(zieht Luft durch die Nase)* Es riecht nach Baby.

Hirte Daniel: Es riecht nach Stall, du Schafskopf.

Hirte Micha: Hallo? Dürfen wir reinkommen?

Hirte Daniel: Die Engel haben uns hierher geschickt. Jesus ist geboren, haben sie gesagt.

Hirte Micha: Und was vom Frieden gesungen.

Josef: Kommt rein, aber leise. Das Kind schläft.

(Die Hirten kommen näher.)

Maria: Sagt das noch mal, was haben die Engel gesagt?

Hirte Daniel: Frieden auf Erden. Frieden allen Menschen.

Erzähler: Und dann waren da noch drei fremde Gestalten. Weit gereist, immer hinter einem Stern her. Einen König sollten sie finden.

(Die drei Weisen kommen durch den Kirchengang, halten vor den Stufen an.)

Balthasar: Hier muss es sein. Der Stern bewegt sich nicht mehr.

Melchior: Ich seh' aber keinen Palast, nur Hütten und ärmliche Häuser.

Caspar: War nicht von einem König die Rede? Sollten wir nicht einen König finden? Dahinten ist Licht, ich höre auch Stimmen.
(Alle drei gehen näher an die Krippe heran.)

Melchior: Hallo? Ist da wer?

Balthasar: Wir suchen den neugeborenen König!

Josef: Ruhe da draußen, das Kind schläft!

Caspar *(geht vorsichtig näher):* Ist hier ein Kind geboren?

Josef: Ja. Und es schläft gerade. Was ist hier überhaupt los? Wer seid ihr? Hirten sind auch schon da.

Maria: Ist schon gut, Josef, komm her. Und ihr anderen, kommt auch.
(Alle stellen sich um die Krippe.)

Maria: Ihr seid die ersten, die es erfahren. Dieses Kind ist das große Geheimnis der Welt. Ihr werdet es erleben.

Josef: Hauptsache, er lernt erstmal einen ordentlichen Beruf.

Maria: Er wird Zimmermann, wie du, Josef. Aber er wird noch viel mehr werden. Seine Worte werden die Welt verändern.

Hirte Micha: Ich versteh nur Bahnhof.

Caspar: Ein Kind im Stall soll ein König sein?

Josef: Ich sag euch: Was Maria sagt, stimmt. Die hat immer Recht.

Maria: Nein, Josef. Die Engel haben Recht. Weil unser Kind eben hier im Stall und nicht in einem Palast zur Welt gekommen ist. Friede auf Erden.

(Engel und Wirt kommen aus dem Hintergrund.)
Alle zusammen: Halleluja! Halleluja! Frieden auf Erden! Frieden allen Menschen! Halleluja!

Lehrerin: Das ist die Geschichte von Weihnachten. Ein Glück: Es ist gut ausgegangen für Maria und Josef, sie haben noch einen Platz gefunden im Stall. Darum singen wir jetzt das Lied: „Hört der Engel helle Lieder" (EG 54) [alternativ: der Kanon „Schalom chaverim" (EG 434/KG 133)[37]]

Musik

Lied: „Hört der Engel helle Lieder" (EG 54)

Ansprache

Lehrerin[38]: „Ein Kind im Stall soll ein König sein?" Caspar kann es kaum glauben. Könige werden im Palast geboren, nicht in einem Stall. So war es schon immer, so ist es bis heute. Die meisten Menschen aber kommen nicht in einem Palast oder einer Villa, nicht in einem Schloss, auch nicht in einer Klinik zur Welt, sondern sie werden in Hütten geboren. Viele auf der nackten Erde, manche im Freien, und sehr viele unterwegs, auf der Flucht, am Rande der Straße. Und Maria und Josef hatten keinen Raum in der Herberge. Keinen Raum, keinen Platz, kein Zuhause. Dieses Gefühl kennen viele Menschen, auch unter uns. Keinen Raum, keinen Platz, kein Zuhause. Dieses Gefühl kannst du auch haben, wenn um dich herum alles in Ordnung zu sein scheint. In deinem Herzen sieht es manchmal anders aus. Doch das können die anderen nicht sehen.

Die Geschichte vom Kind in der Krippe sagt dir: Hier, bei mir, ist dein Platz. Hierher kannst du kommen, so wie die anderen auch. Hier findest du einen Platz. Zwischen den Hirten und den Sterndeutern findest du deinen Platz: bei Maria, der jungen Mutter und Josef, dem vielleicht etwas überforderten Vater. Hier im Stall beim Wirt, der dann doch noch einen Platz frei geräumt hat. Hier kannst du hören, was die Engel auch für dich singen: Friede auf Erden.
Das Kind in der Krippe trägt keine Krone. Noch nicht. Am Ende seines Lebens wird es eine tragen – doch die wird aus Dornen sein. Nicht alle werden das verstehen. Und doch: Sie spüren, dass hier etwas Neues angefangen hat. Mit diesem Kind ist eine neue Zeit angebrochen. Oder anders: Die alte Zeit hat einen neuen Glanz bekommen. „Ihr seid die ersten, die es erfahren", sagt Maria. „Dieses Kind ist das große Geheimnis der Welt. Nehmt es mit, dieses Geheimnis, mit hinaus zu den Menschen um euch. Bewahrt es wie eine Flamme in euren Herzen. Das Kind im Stall ist ein König." So sagt Maria und so glauben es die Christen. Dieses Kind ist ein Prophet, so glauben auch Muslime. Und dieses Kind ist eines von uns, sagen Juden. Dieses Kind steht für alle Kinder dieser Welt, die sich nach Frieden sehnen und Geborgenheit. Und für die Kinder, mit denen sich die Hoffnung verbindet, dass es das für alle geben wird: Frieden, Geborgenheit und Liebe. Auch für dich.

Musik

Lied: „Ihr Kinderlein kommet" (EG 43)

37 Der Kanon ist auch abgedruckt im Schulbuch „Moment mal!" Bd. 1. Evangelische Religion Gymnasium. Stuttgart: Klett 2020, S. 116.

38 Die Ansprache kann ggf. auch von einem Schüler oder einer Schülerin übernommen werden.

Gute Wünsche

Lehrerin: Wir haben gehört von der Geburt des Kindes Jesus. Viele Hoffnungen auf Frieden und Gerechtigkeit sind mit Jesus verknüpft. Darum möge jedes Haus, das Weihnachten feiert, voll weihnachtlicher Freude sein.

Wir denken an die Menschen, die in Kälte und ohne Wohnung leben. An die, die verfolgt und ohne Frieden sind.

Wir denken an die Kranken, die Sterbenden, die Einsamen. Sie alle brauchen Menschen, die ihnen zur Seite stehen. Gut, wenn es solche Menschen gibt.

Wir denken an die, die sich vor Weihnachten fürchten. Weil sie vielleicht allein sind. Oder weil es Streit geben könnte. Sie mögen getröstet werden und nicht allein bleiben.

Musik

Lied: „O du fröhliche" (EG 44)

Abschied

Unsere Feier geht nun zu Ende. Ich danke allen, die so viel Liebe und Mühe in die Vorbereitung gesteckt haben; ich danke euch, den Spielerinnen und Spielern und euch, die ihr alle so schön gesungen habt. Nun liegen die Weihnachtsferien und die Festtage vor uns. Wir werden sie ganz unterschiedlich feiern. Doch wie immer wir es tun, ich wünsche uns allen „Frohe Weihachten". Und dann kommt in ein glückliches und gesegnetes neues Jahr, in dem wir uns hoffentlich alle wiedersehen. Friede sei mit uns allen.

Religiöse Feier im Klassenverband am Schuljahrsende

Die Feier dient dazu, Kinder, die die Klassengemeinschaft verlassen, zu verabschieden. Die Gründe für einen solchen Abschied sind vielfältig, weil Kinder ein Schuljahr wiederholen müssen oder mit ihrer Familie wegziehen oder „abgeschult" werden oder sich für eine andere Schule entschieden haben. Insbesondere die unfreiwilligen Abgänge lösen auch etwas bei den zurückbleibenden Kindern oder Jugendlichen aus: die Sorge, ihnen könnte es ähnlich ergehen; die Trauer über den Verlust eines Freundes, einer Freundin; auch Gefühle der Freude, den oder die „endlich los" zu sein; das Gefühl der Genugtuung, dass es den oder die „erwischt hat" und nicht einen selbst. Wir haben erlebt, dass fünfte Klassen, die mit 30 Kindern gestartet sind, in Klasse 9 auf 16 Kinder geschrumpft waren. Insbesondere an Gymnasien ist ein solches Erleben aus Sicht aller Kinder eine sehr schwierige Situation.
Es ist wichtig, dass diejenigen, die die Klassengemeinschaft verlassen (müssen), vergewissert werden, dass sie als Menschen und Personen dazugehört haben, erwünscht waren und etwas beigetragen haben. Dass man sich ihrer nicht entledigt, sondern ihr Dabei-gewesen-Sein einen Sinn gehabt hat. Weil sich ein solcher Abschied in aller Regel ankündigt und oftmals auch von Krankheitsphasen des verlassenden Kindes geprägt ist, kann man einzelne Stunden nutzen, damit Abschiedsworte oder -texte auch mit der Klasse (ohne Beisein des/der zu Verabschiedenden) vorbereitet werden können.
Wir empfehlen die Gestaltung eines DIN-A4-Blattes mit folgenden Kategorien:

- *Für [Name] zum Abschied – von [Name]*
- *Woran ich mich erinnern werde, wenn ich an dich denke ...*
- *Was ich dir an der neuen Schule/in der neuen Klasse wünsche ...*

Man kann schöne Umschläge aus Geschenkpapier basteln, um die Texte hineinzulegen. Der Lehrer/ die Lehrerin sollte für die Aufbewahrung zuständig sein, damit nichts verloren geht. Ob die Lehrkraft auch die Texte vorher liest, um Verletzendes auszuschließen, muss man von der Stellung des Kindes und der Art der Klassengemeinschaft abhängig machen. Die Texte sollten jedenfalls nicht anonym sein! Die Leitung kann die Klassenlehrerin bzw. der -lehrer zusammen mit dem Klassensprecher übernehmen. Wenn Schülerinnen und Schüler geübt darin sind, Moderationen zu übernehmen (etwa durch regelmäßig durchgeführten Klassenrat), kann man die Leitung auch ganz in ihre Hände legen.

Eröffnung

Wir haben heute unsere letzte Stunde mit [Namen derjenigen, die die Klasse verlassen]. Deshalb wollen wir uns voneinander verabschieden, damit es im nächsten Schuljahr auch gut weitergehen kann, wenn wir an verschiedenen Orten sein werden.

Lesung (Ansprache)

Ich lese zu Beginn einen Text von Anselm Grün. Er wurde 1945 geboren und lebt als Benediktiner-Mönch in der Abtei Münsterschwarzach. Engel sind für ihn gute Begleiter – selbst dann, wenn man gar nicht an Engel glaubt.

Der Engel des Abschieds

Abschied tut weh. Aber dennoch muss der Abschied sein. Wir können den anderen nicht festhalten. Jede Veränderung verlangt einen Abschied. Und nur wenn der Abschied gelingt, können wir uns auf das Neue wirklich einlassen, kann Neues in uns wachsen. Viele möchten am liebsten alle Menschen festhalten, mit denen sie vertraut geworden sind. Sie möchten die Freundschaft immer weiterführen. Aber es gibt auch Freundschaften, die nur eine Zeit lang gut sind. Dann ziehen sie sich nur noch hin. Sie werden aufrechterhalten aus Pflichtgefühl oder um den anderen nicht zu verletzen. Aber sie stimmen nicht mehr. Da wäre es Zeit, wirklich Abschied zu nehmen. Dann gehe ich fair mit dem anderen um. Dann traue ich ihm zu, dass er sich neu orientieren kann. Und dann bin ich frei, Neues zu beginnen.

Zu einem Abschiedsritual gehört, dass ich all die guten Erfahrungen, die ich mit dem anderen gemacht habe, nochmals sage, dass ich dem anderen danke für alles, was er oder sie mir geschenkt hat. So kann jeder seinen Weg gehen, ohne dass er die letzten Jahre seines Lebens vor sich und vor andern ausklammern müsste.

Abschied gilt es aber nicht nur von Menschen zu nehmen. Wir müssen uns auch verabschieden von Gewohnheiten, von Lebensabschnitten, von Lebensmustern. Wer nie von seiner Kindheit Abschied genommen hat, der wird immer kindliche Wünsche an seine Umgebung haben. Wer sich nie von seiner Pubertät verabschiedet hat, der wird immer in seinen Illusionen gefangen sein, die er sich vom Leben ausgedacht hat. Wir müssen Abschied nehmen von unserer Jugend, wenn wir erwachsen

werden wollen, von unserem Junggesellendasein, wenn wir heiraten wollen, von unserem Beruf, wenn wir älter werden.
Der Engel des Abschieds möge dir helfen, dich von alten Mustern zu verabschieden, mit denen du dir das Leben schwer machst, etwa von dem Muster des Perfektionismus. Du musst das Muster loslassen, dass du immer noch durch Leistung deinen Wert beweisen willst. Der Engel des Abschieds möge dir helfen, dich von dieser Schule und dieser Klasse und deiner Rolle in ihr zu verabschieden. Und er möge uns allen helfen, damit wir Neues und Ungeahntes wachsen lassen können.

(Aus: Grün, Anselm (1997): 50 Engel für das Jahr. Ein Inspirationsbuch. 2. Auflage. Freiburg: Herder, S. 84–86 [gekürzt, sprachlich leichter gefasst und Rechtschreibung angepasst])

Aktion

Liebe [Namen derjenigen, die die Klasse verlassen]!
Wir haben für euch kleine Briefe vorbereitet, die ihr euch in Ruhe zu Hause durchlesen könnt. Damit ihr wisst, dass wir euch vermissen und an euch denken werden, auch wenn jetzt erst mal lange Ferien sein werden. *(Vorher geben bestimmte Kinder den Verabschiedeten in einem großen Umschlag all die kleinen Umschläge.)*
Ich als eure Lehrerin/euer Lehrer danke [Name 1] für ..., [Name 2] für ... und [Name 3] für ... Ich wünsche euch allen, dass ihr an der neuen Schule, an dem neuen Wohnort gut Fuß fasst, dass ihr einen guten Start habt und es euch gut geht.

Lasst uns nochmal aufstehen und das Lied singen, das wir geübt haben.

Abschied (als Lied)

„Bewahre uns, Gott, behüte uns, Gott" (KG 213/EG 171) oder

„We shall overcome" (fT 169) oder

„Mercy is falling (fT 76)" oder

„Vergiss es nie" (fT 61)[39] *(oder ein anderes Lied, das gut eingeübt werden konnte)*

Religiöse Feier zur Schulentlassung

Diese Feier ist zeitlich und räumlich von der Entlassungsfeier in der Schule abgekoppelt. Sie kann gut am Vorabend der Entlassung, beispielsweise in einem benachbarten Gemeindezentrum oder auch einer Kirche stattfinden, sofern diese vom Raumkonzept her den alle einladenden Charakter bewahrt. Wir raten sehr dazu, in Vorbereitung und Durchführung Schülerinnen und Schüler der Abschlussklassen bzw. Abiturientinnen und Abiturienten einzubeziehen, zum Beispiel für Teile der Moderation, für die Spielszene, für Lesungen usw. Die Segenshandlung ist optional und sollte in der Vorbereitungsgruppe besprochen und erst dann in die Feier „eingebaut" werden, wenn sie Konsens in der Gruppe ist (das ist unserer Erfahrung nach auch bei den religiös nicht gebundenen Mitwirkenden kein Problem).

39 Das Lied ist auch abgedruckt im Schulbuch „Moment mal!" Bd. 1. Evangelische Religion Gymnasium. Stuttgart: Klett 2020, S. 18.

Der Segen wird dann von einem Lehrer/einer Lehrerin angeleitet. Die Moderationen und Lesungen können gut von Schülerinnen und Schülern übernommen werden.

Musik

Musikalische Einstimmung (Band, Chor, Ensemble ...)

Eröffnung

Anton: Herzlich willkommen. Schön, dass ihr da seid *(exemplarischer Blick auf Schüler)*, dass Sie da sind *(exemplarischer Blick auf einen Lehrer)*. „Offroad – Ende der ausgebauten Strecke" steht als Motto über dieser Feier.

Ben: Wir wollen uns heute, am Vorabend der Abi-Entlassung, etwas Zeit nehmen, den Gedanken und den unterschiedlichen Gefühlen Raum zu geben. Und wir laden euch ein, dies nicht allein, sondern in Gemeinschaft zu tun.

Anton: Ein Lebensabschnitt kommt an sein Ende. Wir lassen etwas Vertrautes hinter uns. Ein gutes Stück Lebensweg liegt hinter uns und eine unbekannte Route vor uns.

Ben: „Offroad" – ist das jetzt das Ende der bekannten Straße? Wie geht es weiter? Ein breiter Highway, ein holpriger Feldweg ... Danach fragen wir in dieser Stunde, darüber wollen wir mit euch nachdenken.

Musik

Lied: „Mercy is falling" (fT 76)

Lesung 1

STRASSE INS MORGEN

Lass mich
In mir deine Stimme hören
Damit ich mich entscheiden kann
Damit ich weiß, wie's weiter geht
Und in welche Richtung ich abbiege
Welche Straße mich ins Morgen führt
Welche Schule mich interessiert
Welcher Beruf mein Interesse weckt

Lass mich
In mir deine Stimme hören
Damit der Kompass mir die Richtung weist
In eine lebbare Zukunft
Damit ich mich für das Richtige entscheide

Stefan Sigg
(Aus: Sigg, Stefan (2010): Treibstoff: Zündende Gebete zu brennenden Fragen. 4. Aufl. Insbruck: Tyrolia-Verlag, S. 27)

Lesung 2

SICH ENTSCHEIDEN[40]

So lange ich lebe, muss ich mich entscheiden, muss Stellung nehmen, muss Ja oder Nein sagen: zu einem Beruf, zu einer Lebensgefährtin oder einem -gefährten; muss mich entscheiden, wen ich wähle, was ich für gut und richtig oder schlecht und falsch halte ...

Aber nicht nur an den breiten Kreuzungen des Lebens muss ich wählen, auch an den schmalen, wo es „nur" um einen Film, eine Zeitung, einen Witz geht. Ich bin mehr als ein willenloses Zahnrad im Räderwerk der Zeit. Und brauche dazu Geist und Verstand, das Richtige zu erkennen und es zu tun.

Musik

(Chor, Band, Ensemble ...)

Szene

Vier Stühle auf der Bühne symbolisieren ein Auto; die Fahrerin hält ein Lenkrad in der Hand (oder stellt es ggf. pantomimisch dar).

Emilia: Oh Mist, ich glaube wir haben uns verfahren. Weiß noch jemand, wo wir sind?

Fazile: Ja, weiß ich. Ich weiß auch ganz genau, wo es langgeht.

Giuliano: Du hast doch gar keine Ahnung! Wir sollten lieber mal auf eine Karte schauen und auf Nummer Sicher gehen.

Hanna: Oh Gott, ist doch völlig egal, wo wir genau sind. Fahr doch einfach weiter. Jetzt sofort.

Giuliano: Man kann doch nicht einfach von irgendwo ins Nirgendwo fahren! Da bekommt man ja richtig Angst.

Fazile: Warum, was ist hier das Problem? Ich habe doch gesagt, dass ich weiß, wo wir sind und wo wir hinmüssen. Im Leben muss man diese Dinge immer wissen.

Hanna: Wie auch immer. Fahr einfach!

Emilia: Leute, einigt euch ... Sonst mach ich hier gar nichts mehr! Und ohne Fahrerin geht ja schließlich gar nichts. Oder ihr müsst laufen.

Ansprache

Lehrerin: Vier Typen – vier Möglichkeiten, mit einer neuen Situation umzugehen. Auf einmal ist die Straße nicht mehr so, wie sie war. Mag sein, dass der eine oder die andere das geahnt hat. Mag sein, dass es schon Hinweisschilder gab. Spielt jetzt aber keine Rolle mehr: Offroad – Ende der Ausbaustrecke, unwegsames Gelände, unbekanntes Terrain.

40 Nach: Gebete für jeden Tag des Lebens. Leipzig: St. Benno Verlag 2018, S. 71.

Vier Typen: Eine weiß genau, wo es langgeht. Der Zweite will auf Nummer Sicher gehen, braucht Karte oder Navi, also eine höhere Instanz, die ihm Orientierung gibt. Der Dritten ist es egal. Fahr einfach, sagt sie. Wird schon was bei herauskommen. Und die Fahrerin? Hält sich erstmal raus, wartet auf eine gemeinsame Entscheidung der drei anderen.
Kommt euch das bekannt vor? Entdeckt ihr eure eigenen Muster im Umgang mit neuen, unbekannten Situationen? Welchen Sitz würdet ihr einnehmen, welcher Typ entspricht euch jeweils am ehesten?

Das Ende der Schulzeit. Das ist auch das Ende eines doch ziemlich geregelten Lebens. Ein Leben im Rhythmus von Schulzeit und Freizeit, von Schulwoche und Wochenende, von Unterrichtszeit und Ferien. Es gab – meistens jedenfalls – klare Ansagen, was den Stoff, die Hausaufgaben, die zu erbringenden Leistungen angeht. Hier und da gab es Unterbrechungen dieses Lebens, Klassenfahrten, Feiern, vielleicht auch ein Unglück ... Aber alles in allem: Ihr wusstet, woran ihr wart.
Das ist jetzt vorbei. Was jetzt kommt, ist neu. Für einige zeichnet sich die neue Route schon ab: Ausbildung oder Praktikum, ein Jahr im Ausland oder Beginn eines Studiums. Bei anderen ist es noch offen – das Gelände liegt vor euch. Wo es langgeht, ist noch nicht so recht deutlich. Mancher mag sich an einer Weggabelung oder Kreuzung sehen, vielleicht ohne Hinweisschilder, vielleicht etwas ratlos, welche Richtung jetzt die beste ist.
Was liegt vor euch? Highway oder Schotterstraße, eventuell eine Sackgasse?

Ende der ausgebauten Strecke – das ist eine menschliche Erfahrung. Das gibt es nicht erst seit gestern. Wie also geht man damit um? Und was könnte helfen, den richtigen Weg zu finden? Vor allem: Was könnte ermutigen, loszugehen, loszufahren? Was könnte ermutigen, nicht ängstlich stehen zu bleiben, sondern eine Entscheidung zu treffen?

Es wird euch vielleicht überraschen, dass ich an dieser Stelle in die Bibel schaue. Die kann ja durchaus die Funktion eines Navis übernehmen. Die Bibel ist voller Aufbruch- und Entscheidungsgeschichten. Ganz unterschiedlicher Art sind die: Um den Aufbruch in ein neues Land geht es da oder um Wanderungen. Es geht auch um innere Entscheidungen an Krisenpunkten des Lebens. Was diese Geschichten verbindet, ist eine spezielle Leitfrage. Die lautet nicht: Auf welchem Weg begegnen mir die tollsten Frauen? Oder wo wartet das meiste Geld auf mich oder welches ist die Straße zu Erfolg und Ehre? Was diese Aufbruch- und Entscheidungsgeschichten verbindet, könnte man so formulieren: Was nützt es einem Menschen, wenn er die ganze Welt gewinnt, dabei aber sich selbst verliert und dabei Schaden an sich oder seiner Seele nimmt?

Das ist natürlich eine rhetorische Frage. Und sie zielt weniger auf das, was einem auf der Straße des Lebens so begegnen könnte. Sie zielt vielmehr auf die innere Haltung dessen, der da unterwegs ist. Es zielt auf die Motivation, mit der eine oder einer seine Entscheidung trifft. Es kommt darauf an, dass du auch in deinem Inneren ein integerer Mensch bleibst, weder dein Gewissen noch deine Seele dem Teufel verkaufen musst; dass du so handeln kannst, dass du mit dir im Reinen bist. Da kommt noch etwas anderes ins Spiel als Geld, Erfolg und Ehre. Es geht nicht darum, dem Genuss und den schönen Dingen im Leben aus dem Weg zu gehen. Es geht vielmehr um die innere Haltung, mit der du allem begegnest. Und das kann dir mitunter bei der Wahl deiner Lebensroute behilflich sein.

Was nützt es einem Menschen, wenn er die ganze Welt gewinnt und dabei Schaden an sich oder seiner Seele nimmt? Das ist ein gutes Kriterium, wenn es um Entscheidungen geht, die anstehen. Dann ist der leichte, bequeme Weg mitunter nicht die erste Wahl. Dann kann es dir Gewinn bringen, eine unbekannte Route zu wagen. Warum nicht losfahren und schauen, was passiert? Offen und aufmerksam für das, was am Straßenrand geschieht. Warum nicht eine Straße ausprobieren, die man noch nicht kennt – es muss ja nicht gerade der „Highway to hell" sein oder „The road to nowhere". Vernunft und Verstand schaden nicht, wenn eine neue Straße vor einem liegt. Aber ein mutiges und offenes Herz, ein Vertrauen in die noch verborgenen Möglichkeiten des Lebens sind gute Entscheidungshelfer. Und es ist ja keineswegs ausgeschlossen, dass auf dieser Straße sich Glück und Erfolg einstellen und dass man vielleicht sogar die Frau, den Mann seines Lebens trifft.

Musik

Lied: „Wo Menschen sich vergessen" (fT 172)

Segen

Lehrerin: Es ist ein sehr alter und guter Brauch, Menschen an den Übergängen des Lebens – so wie heute – Gutes zu wünschen. Juden und Christen stellen diese guten Wünsche in einen weiten Horizont. Sie sprechen von Segen und verbinden die Wünsche mit Gottes Wirken zum Guten. Ein Segen ist kein Zauberspruch, nichts Magisches. Er drückt aus, dass nicht alles in unserer Hand liegt und dass in allem, was uns geschieht, Gott es gut mit uns meinen möge. So lade ich euch ein, wer mag, in einen Kreis nach vorn zu kommen.

Schülerinnen und Schüler kommen in einen Kreis nach vorn.

Lehrerin: Ich bitte euch, jeweils eure rechte Hand auf die Schulter eures rechten Nachbarn/eurer rechten Nachbarin zu legen. Ich werde den Segen in Abschnitten vorsprechen, und ihr sprecht ihn dann nach.

Jede/jeder legt ihre/seine rechte Hand auf die Schulter des Nachbarn/der Nachbarin. Die Lehrerin spricht Zeile für Zeile vor, die Teilnehmenden (eingerückt) sprechen nach.

Gott, der verspricht: Ich bin mit dir, der segne dich.
    Gott, der verspricht ...
Er schenke dir, was du auf dem Weg brauchst.
    Er schenke dir ...
Er gebe dir Augen, zu erkennen, was den Anderen bewegt.
    Er gebe dir Augen ...
Er befähige deine Hände aufzugreifen, was dem Anderen gut tut.
    Er befähige deine Hände ...
Er begleite deine Füße auf Wegen, die du mit anderen gehst.
    Er begleite deine Füße ...
Durch ihre Höhen und Tiefen.
    Durch ihre ...

Sein Friede bewahre deine Gefühle und Gedanken.
  Sein Friede ...
Und behüte dich am Tag und in der Nacht.
  Und behüte dich ...
Amen.
  Amen.

Musik

Chor/Band: „Wagt euch zu den Ufern“[41]

Gebet

Ida: Wir möchten ein Gebet sprechen und laden alle, die den Glauben an Gott teilen, ein, im Stillen mitzubeten. Die anderen bitten wir um respektvolles Schweigen.
Gott, wir bitten nicht um große Wunder, sondern um die Kraft für den Alltag. Die Kunst der kleinen Schritte wollen wir lernen und die Fähigkeit, im täglichen Vielerlei und Allerlei die wichtigen und entscheidenden Dinge zu erkennen!

Julie: Wir bitten um ein Herz ohne Furcht und ohne Angst vor der Ungewissheit. Bewahrt möchten wir sein vor dem Glauben, es müsste im Leben immer alles glatt gehen. Um nüchterne Erkenntnis bitten wir, dass Niederlagen und Rückschläge eine selbstverständliche Zugabe zum Leben sind. Durch sie wachsen und reifen wir.

Konrad: Wir bitten um Kraft und Ausdauer auch für die, die nicht den gewünschten Erfolg erzielt haben; dass sie einen weiteren Versuch zu starten wagen und ihr Bestmögliches geben.

Ida: Viel verdanken wir den Menschen, die uns bis hierher begleitet haben. Nun brauchen sie die Fähigkeit, uns loszulassen und zugleich ein offenes Ohr für unsere Sorgen und Nöte zu behalten.

Julie: Wir denken an unsere Geschwister, die von den Veränderungen in unserem Leben mit betroffen sind und sich nun mit neuen Situationen auseinandersetzen müssen.

Konrad: Wir wollen unsere Freunde nicht aus den Augen verlieren und Freundschaften trotz weiter Entfernung erhalten. Wir brauchen einander.
Jeder von uns braucht Menschen, denen er sich freundschaftlich verbunden weiß. Wir hoffen, dass wir dieser schönen und schwierigen Aufgabe im Leben gewachsen sind.

Ida: Wir bitten für unsere Lehrerinnen und Lehrer um den Willen und die Ausdauer, immer wieder neu für ihre Schülerinnen und Schüler da zu sein und ihnen mit Rat und Tat zur Seite zu stehen.

Julie: Und dass wir bewahrt bleiben vor der ständigen Angst, im Leben zu kurz zu kommen, das bitten wir. Dass wir nicht immer alles bekommen, was wir uns wünschen, sondern das, was wir wirklich brauchen. Amen.

41 Aus der Messe „Licht vom Licht“ von Gregor Linßen. Veröffentlicht bei der edition-gl 1991.

Musik

Gemeinsames Lied oder Instrumentalmusik (Chor, Band, Ensemble)

Abschied

Unsere Feier ist nun zu Ende. Ein letztes Wort noch: Wir danken allen, die viel Zeit, Einsatz und Mühe in die Vorbereitung gesteckt haben. Insbesondere N.N., die uns begleitet, motiviert und beraten hat. Danke an alle im Hintergrund, in der Technik, der Organisation des Ganzen. Danke an die Musikerinnen und Musiker und nicht zuletzt an euch alle, die ihr auch dazu beigetragen habt, dass es eine schöne Feier geworden ist. Nun kommt gut nach Hause. Wir sehen uns morgen zur Entlassungsfeier. Tschüss.

Religiöse Trauerfeier im Klassenverband

Der Tod eines Mitschülers, einer Mitschülerin ist ein die Schule und insbesondere die Klasse erschütterndes Ereignis, das seelsorgerliche Begleitung in unterschiedlicher Art braucht. Ein Teil dieser Begleitung kann eine kleine Feier im Klassenverband sein. In der Regel trifft die Nachricht des Todesfalles in der Schule mehr oder weniger kurzfristig ein, spricht sich in der Regel dann aber vor allem in den sozialen Netzwerken schnell herum. Vor allem dort ist auch mit Trauerbekundungen und Kommentaren unterschiedlicher Art zu rechnen. Nicht auszuschließen sind dort auch verletzende Beiträge. Für die Vorbereitung der Feier bleibt meist nicht viel Zeit. Wir raten dazu, dass der Klassenlehrer/die Klassenlehrerin die Vorbereitung der Feier übernimmt. Er bzw. sie wird auf eine emotional sehr aufgeladene Situation treffen.

Als Ort für die Feier bietet sich, soweit vorhanden, ein schulinterner „Raum der Stille" an; meist wird aber wohl das Klassenzimmer genutzt werden müssen. Um der Besonderheit der Situation Rechnung zu tragen, sollten dann die Tische an den Rand des Raumes geschoben und ein Stuhlkreis gebildet werden. Es ist wichtig, dass der Raum frei von Müll und herumliegenden Sachen ist und der Fußboden und die Tafel geputzt sind. Je nach Vorbereitungszeit können diese Arbeit auch die Schülerinnen und Schüler selbst übernehmen. Sie werden froh sein, einfach gesagt zu bekommen, was sie jetzt tun können. Aus Feuerschutzgründen darf in der Regel nicht mit Kerzen oder Teelichtern hantiert werden; hier kann nur die Schulleiterin oder der Schulleiter eine Ausnahmegenehmigung erteilen. Wenn die Teelichte in einem niedrigen Glas stehen, ist die Gefahr des Umkippens und des Verschüttens von Wachs geringer. Viele Schulen haben Trauerkoffer. Wenn dieser so bestückt ist, dass man Teelichte, Gläser, Streichhölzer, Papiertaschentücher und ein schwarzes Tuch sofort entnehmen kann, ist das hilfreich. Wir empfehlen, für eine solche Feier eine Doppelstunde zu nutzen: Am Ende der ersten Stunde steht das Um- und Aufräumen und das Saubermachen; die Schülerinnen und Schüler werden anschließend in eine Pause geschickt; die Klassenlehrerin oder der Klassenlehrer bereitet die Gläser mit bereits brennenden Teelichten vor und öffnet zur zweiten Stunde den Klassenraum von innen und übergibt den eintretenden Kindern oder Jugendlichen auf der Schwelle zum Raum/zur Feier diese brennenden Lichter. Sie halten sie zunächst in der Hand, setzen sich auf einen Platz im Stuhlkreis, um sie dann nach den eröffnenden Worten auf ein mittig ausgelegtes schwarzes Tuch zu stellen. Wenn die Schulleitung dieses Kerzenritual erlaubt hat, wird es bei einem solchen Szenario automatisch keine Rangeleien und kein lautes Gerede geben.

Wenn Schülerinnen oder Schüler während der Feier weinen, sollte man ihnen ein Taschentuch reichen, aber nicht die Feier unterbrechen.
Die Stille-Phase muss man mit einer Stoppuhr (diskret!) timen, weil die gefühlte Zeit in Stille-Phasen stark von der tatsächlichen Zeit abweicht. Eine Minute kommt einem ewig vor; diese Länge muss eine Stille-Phase aber haben, sonst ist sie zu kurz. Es ist hilfreich, Anfang und Ende der Zeit mit einem kleinen Gong (Klangschale) zu markieren.

Eröffnung (Kerzenritual)

Lehrer:
Liebe [Name der Klasse],
Der Tod von [Name] betrifft uns als Klassengemeinschaft und jeden und jede von euch in besonderer Weise. Lasst uns in dieser Stunde eine Auszeit nehmen vom normalen Schulalltag und unsere Gedanken konzentrieren. Es kann sein, dass jemand von uns weinen muss. Das ist nicht schlimm. Wir halten es aus und bleiben beisammen. Wir haben alle ein Teelicht in der Hand. Lasst es uns jetzt zu Beginn unserer Feier in die Mitte stellen.

(Lehrkraft steht als Erste auf, bleibt kurz an der Mitte stehen und setzt ihr Teelicht ab. Sie geht zurück an ihren Platz und nickt der links von ihr sitzenden Schülerin zu. Im Idealfall ist klar, dass es jetzt im Uhrzeigersinn weitergeht, bis alle Schülerinnen und Schüler ihr Teelicht abgestellt haben.)

Lesung

So viel Trauer um [Name] ist hier im Raum. Doch wir sind mit unserer Trauer nicht allein, wir sitzen hier beieinander, wir erinnern uns an [Name], wir trauern miteinander. Das wird uns ein wenig trösten. Dazu helfen auch Worte, die andere Menschen in solcher Lage gefunden haben. Manche dieser Worte sind schon sehr alt, wie zum Beispiel die Psalmen aus der Bibel.

Ich suche bei dir Zuflucht für meine Seele.
Was ich von dir gehört habe, Freundschaft, Treue,
ist Schatten für meine Seele und weites lichtes Land.

Zwischen die Löwen lege ich mich schlafen,
Speerspitzenzähne, Zungenpfeile, doch du
spannst über mir ein Firmament von Sternen.
Erbarmen sucht meine Seele. Ich höre in mir
ein Lied – erwarte den neuen Tag und singe:

Ich bin von *dir*, du wirst meine Seele bewahren.

Huub Oosterhuis
(Aus: Oosterhuis, Huub (2004): Psalmen. Aus dem Niederländischen übersetzt von Annette Rothenber-Joerges und Hans Kessler. Freiburg: Herder, S. 118)

Musik

(meditative Instrumentalmusik)

Stille

Lasst uns in der Stille an [Name] denken:

an etwas, wo wir mit [Name] gelacht haben,

vielleicht an etwas, wo wir mit [Name] Streit hatten oder uns über [Name] geärgert haben,

an das, was [Name] in unserer Klasse gewesen ist und was wir an [Name] gemocht haben.

Ansprache

Ein Platz unter uns wird nun leer bleiben. Es ist noch zu früh, dass wir das wirklich begreifen. Weil wir immer noch unter dem Schock der Endgültigkeit stehen. Wir können nichts mehr gut machen, was wir [Name] schuldig sind. [Name] wird uns schrecklich fehlen mit seinem/ihrem [zwei oder drei Eigenschaften benennen]. Und wir werden erinnert, dass der Tod jeden treffen kann. Auch jeden von uns. [Name] war ein Teil unserer Klasse und wenn er/sie jetzt fehlt, dann ist es nicht mehr wie vorher. Für uns alle nicht. Wir müssen erst noch lernen, ohne [Name] zu leben. Wir müssen tapfer durch die Tage gehen, die nun kommen. Tapfer in der Traurigkeit. Vielleicht auch mit Dankbarkeit für das Schöne, das wir mit [Name] erlebt haben. Lass uns darauf vertrauen, dass unser Leben hier nicht alles ist. Viele unter uns glauben, dass auf uns noch etwas wartet. Etwas, von dem niemand sagen kann, wie es sein wird. Wir mögen es Himmel nennen oder Paradies oder einfach nur „bei Gott". Und wir können hoffen, dass [Name] jetzt dort ist, dass es ihm/ihr gut geht, dass er/sie keine Angst und keinen Schmerz mehr fürchten muss. Das ist ein Trost.

Musik

Instrumentalmusik, die hilft, zurück in den Schulalltag zu finden – also gerade nicht emotional besetzte Musik wie beispielsweise „Tears in Heaven". Es ist auch den Schülerinnen und Schülern fremde Musik möglich – wie beispielsweise Klaviermusik aus „Voices 2" von Max Richter oder ein schneller Satz einer Cello-Suite von J. S. Bach oder Handpan-Musik, zum Beispiel von Georg Wierichs gespielt. Alles ist über Spotify einfach zu finden. Man sollte als Lehrkraft beherzt darauf vertrauen, was einem selbst gefällt.

Abschluss

Ich spreche zum Schluss ein Gebet und lade alle, die den Glauben an Gott mit mir teilen, ein, im Stillen mitzubeten. Die anderen bitte ich um Respekt. Lasst uns aufstehen.

Gott, wir können es noch kaum begreifen, dass [Name] gestorben ist. Er/sie wird uns fehlen.

Gott, wir bitten dich für [Name]s Eltern und Geschwister, die traurig und verzweifelt sind. Sie benötigen Trost und Hilfe. Hilf ihnen, zu bekommen, was sie brauchen.

Gott, wir danken dir für alles Gute, das [Name] in unsere Klasse gebracht hat; hilf uns, dass wir es bewahren und nicht vergessen.

Gott, wir bitten dich, verzeihe uns, wo wir [Name] Unrecht getan haben.

Gott, der du barmherzig und gnädig bist: Tröste uns und hilf uns. Amen.

Nun gehen wir zurück in unseren Schulalltag. Die Kerzen müssen ausgepustet werden. Tragt sie vorsichtig auf die Fensterbank, damit das Wachs erkalten kann. Den Stuhl für [Name] sollten wir bis zur Beerdigung frei lassen. Nun könnt ihr unsere gewohnte Sitzordnung wieder herstellen.

(Nach der Beerdigung sollte eine komplett neue Anordnung der Tische und Stühle im Klassenraum hergestellt werden.)

Literaturverzeichnis

Bederna, Karin (2015): Art. Segen/Segnen, bibeldidaktisch, Sekundarstufe. In: Wissenschaftlich Religionspädagogisches Lexikon im Internet (www.wirelex.de)

Evangelische Kirche in Deutschland (EKD) (Hrsg.) (2020): Religiöse Bildung angesichts von Konfessionslosigkeit. Aufgaben und Chancen. Ein Grundlagentext der Kammer der EKD für Bildung und Erziehung, Kinder und Jugend. Leipzig: Evangelische Verlagsanstalt

Fechtner, Kristian/Klie, Thomas (2011): Riskante Liturgien. Zum Charakter und zur Bedeutung von Gottesdiensten in der gesellschaftlichen Öffentlichkeit. In: Dies. (Hrsg.): Riskante Liturgien. Gottesdienste in der gesellschaftlichen Öffentlichkeit. Stuttgart: Kohlhammer, S. 7–19

Gojny, Tanja (2021): Schulgottesdienste in der Pluralität. Theoretische Grundlegung, konzeptionelle Bestimmungen und Handlungsorientierungen. Praktische Theologie heute, Bd. 117. Stuttgart: Kohlhammer

Habermas, Jürgen (2007): Ein Bewusstsein von dem, was fehlt. In: Neue Züricher Zeitung, 10.2.2007. https://web.archive.org/web/20070213221025/http://www.nzz.ch/2007/02/10/li/articleEVB7X.html [Zugriff: 08.03.2021]

Hermelink, Jan/Plüss, David (Hrsg.) (2017): Predigende Bilder. Was die Homiletik von Kunstwerken lernen kann. Eine Veröffentlichung des Ateliers Sprache e.V. Braunschweig. Leipzig: Evangelische Verlagsanstalt

Husmann, Bärbel (2004): Zur sakralen Dimension von Räumen: Anstiftung zur Projektarbeit. In: Katechetische Blätter 129 (2/2004), S. 132–139

Husmann, Bärbel (2008): Das Eigene finden. Eine qualitative Studie zur Religiosität Jugendlicher. Göttingen: Vandenhoeck & Ruprecht

Husmann, Bärbel (2011): „Mir fehlt da nichts." – Zur Etablierung einer religionssensiblen Schulkultur in einem religionsabstinenten Umfeld. In: Guttenberger, Gudrun/Schroeter-Wittke, Harald (Hrsg.): Religionssensible Schulkultur. Jena: Verlag IKS Garamond

Husmann, Bärbel (2015): Schulgottesdienste fallen nicht vom Himmel – Zur Etablierung einer Schulgottesdienstkultur. In: Arnold, Jochen/Kraft, Friedhelm/Leonhardt, Silke/Noß-Kolbe, Peter (Hrsg.): Gottesdienste und religiöse Feiern in der Schule. Hannover: Lutherisches Verlagshaus

Husmann, Bärbel (2018): Abschiede – Zum religionspädagogischen Potenzial eines unterschätzten Übergangs. In: Braunschweiger Beiträge 155 (3/2018), S. 7–11

Husmann, Bärbel (2020): „So eine schöne Kirche!" – Wahrnehmung und Urteilsbildung. In: Religion 5–10, Heft 40 (4/2020), S. 24–27

Husmann, Bärbel/Klie, Thomas (2005): Gestalteter Glaube. Liturgisches Lernen in Schule und Gemeinde. Göttingen: Vandenhoeck & Ruprecht

Jäggle, Martin (2015): Zur Religiosität muslimischer Jugendlicher. Probleme der Forschung – Forschungsbilanz – Konsequenzen für die Bildungsarbeit. In: Kropač, Ulrich/Meier, Uto/König, Klaus (Hrsg.): Zwischen Religion und Religiosität. Ungebundene Religionskulturen in Religionsunterricht und kirchlicher Jugendarbeit – Erkundungen und Praxis. Würzburg: Echter

Kabel, Thomas (2002): Handbuch Liturgische Präsenz. Band 1. Gütersloh: Gütersloher Verlagshaus

Liturgische Konferenz (Hrsg.) (2006): Mit anderen feiern – Gemeinsam Gottes Nähe suchen. Eine Orientierungshilfe der Liturgischen Konferenz für christliche Gemeinden zur Gestaltung von religiösen Feiern mit Menschen, die keiner christlichen Kirche angehören. Gütersloh: Gütersloher Verlagshaus

Meyer, Karlo (2019): Grundlagen interreligiösen Lernens. Göttingen: Vandenhoeck & Ruprecht

Meyer-Blanck, Michael (1977): Inszenierung des Evangeliums. Ein kurzer Gang durch den Sonntagsgottesdienst nach der Erneuerten Agende. Göttingen: Vandenhoeck & Ruprecht

Michalzik, Sophia (2015): Katholisch.de erklärt die Bedeutung von Reliquien: Heilige Überreste. In: Katholisch.de 9.4.2015. https://www.katholisch.de/artikel/4835-heilige-ueberreste [Zugriff: 09.03.2021]

Möller, Olaf (2007): Große Handpuppen ins Spiel bringen. Münster: Ökotopia Verlag

Peterßen, Wilhelm H. (2001): Kleines Methoden-Lexikon. 2. Auflage. München/Düsseldorf: Oldenbourg Schulbuchverlag

Rupp, Hartmut (Hg.) (2006): Handbuch der Kirchenpädagogik. Kirchenräume wahrnehmen, deuten und erschließen. Stuttgart: Calwer

Schulte, Andrea (2013): Das Fest der Superlative: bunt und lebendig. Theologische und gesellschaftliche Perspektiven. In: Religion 5–10. Heft 11 (3/2013), S. 4–7

Weusten, Stefan (2016): Segensfeiern. Ein Weg zwischen Jugendweihe und Konfirmation. In: Religion 5–10. Heft 22 (2/2016), S. 32–33

Yılmaz, Burcu (2015): „Und wann feiern wir das Opferfest?" – Ein Erfahrungsbericht zu religiösen Festen in der Schule aus muslimischer Perspektive. In: Arnold, Jochen/Kraft, Friedhelm/Leonhardt, Silke/Noß-Kolbe, Peter (Hrsg.): Gottesdienste und religiöse Feiern in der Schule. Hannover: Lutherisches Verlagshaus, S. 78–90

Religionsunterricht: gut geplant, kompetent durchgeführt

SMARCUS HOFFMANN | GABRIELE OTTEN | CLAUß PETER SAJAK

Schritt für Schritt zum guten Religions-unterricht

Praxisbuch für Studium, Refendariat und Berufs-einstieg

16 cm x 23 cm, 224 Seiten + Downloadmaterial

978-3-7727-1416-0, € 21,95

Religionslehrerinnen und -lehrer haben die Aufgabe, zwischen heutiger Lebenswelt und religiöser Tradition zu vermitteln. Dies gelingt nicht von selbst. Gute Planung, kompetente Durchführung und kritische Reflexion sind die Schritte zu einem erfolgreichen Unterricht. Und die wollen gelernt sein.

Dieser Praxisband stellt die wichtigsten Bausteine für guten Religionsunterricht vor. Ausgehend von den Zielen des Religionsunterrichts beschreibt er, wie Unterrichtsreihen sach- und schülergerecht geplant, Unterrichtsstunden intentional aufgebaut, Unterrichtsphasen begründet gestaltet und Aufgaben passgenau konzipiert werden können. Hinweise zur Überprüfung des Lernerfolgs und zur Reflexion des Unterrichts schließen sich an. Einem zielführenden Methodeneinsatz widmen die Autoren ein eigenes Kapitel. Hilfestellungen für Unterrichtsbesuche und Prüfungen runden den Band ab.

Fachbuch

Alle Preise zzgl. Versandkosten, Stand 2021.

Die Downloadmaterialien enthalten zahlreiche Arbeitsblätter und vertiefende Materialien für Ihren Unterricht.

Klett Kallmeyer

Unser Leserservice berät Sie gern:
Telefon: 0511 / 4 00 04 -150
Fax: 0511 / 4 00 04 -170
leserservice@friedrich-verlag.de

www.klett-kallmeyer.de

Übersicht der Download-Materialien

Unter **www.friedrich-verlag.de** finden Sie Materialien zum Buch als Download.
Bitte geben Sie den achtstelligen Download-Code in das Suchfeld ein.

DOWNLOAD-CODE: **d31544rf**

Hinweis:

Das Download-Material enthält alle Materialien aus den Kapiteln 2 und 3, die Sie bei der Vorbereitung einer „Religiösen Feier für alle" unterstützen.

Durch den Kauf dieses Buches (ISBN 978-3-7727-1544-0) haben Sie das Recht erworben, das ergänzende Download-Material in Ihren derzeitigen und zukünftigen Lerngruppen und Klassen einzusetzen und zu vervielfältigen. So können Sie etwa einzelne Seiten ausdrucken und verteilen oder mit Beamer oder Whiteboard verwenden.

Was Sie **nicht** dürfen:

- das Download-Material oder Teile davon an Kolleginnen und Kollegen weitergeben.
- das Download-Material oder Teile davon in Netzwerke einstellen, wie etwa Schulserver oder Cloud-Systeme, sodass Kolleginnen und Kollegen darauf Zugriff erhalten.
- die Lizenzinformation und Quellenhinweise auf dem Downloadmaterial entfernen.
- bei einer Bibliotheksausleihe des Buches das Download-Material herunterladen.

Bitte tragen Sie im Sinne dieser Lizenz dazu bei, dass wir weiterhin digitales Ergänzungsmaterial für Lehrerinnen und Lehrer bereitstellen können. Der Verlag behält sich dabei vor, auch gegen urheberrechtliche Verstöße vorzugehen.

Unsere Autorinnen und Autoren sowie der Verlag wünschen Ihnen viel Erfolg bei der Nutzung der Materialien!

Haben Sie Fragen zum Download? Dann wenden Sie sich bitte an den Leserservice der Friedrich Verlags GmbH. Schreiben Sie uns oder rufen Sie uns an!

Sie erreichen unseren Leserservice
Montag bis Donnerstag von 8 – 18 Uhr
Freitag von 8 – 14 Uhr
Tel.: 0511/40004-150
Fax: 0511/40004-170
E-Mail: leserservice@friedrich-verlag.de

Wir freuen uns über Ihre Rückmeldung und helfen Ihnen gerne weiter!